U0908059

棒、垒球运动员体能训练

张涛 著

中国纺织出版社

内 容 提 要

本书从体能训练的角度，对棒垒球运动进行了深入细致的研究。全书逻辑清晰，内容系统全面，以棒垒球体能训练的基本知识为切入点，对棒垒球运动员体能训练的生理学、心理学、运动学、训练学以及教育学基础进行了深入地分析，重点对棒垒球运动员的一般体能训练和专项体能训练进行了详细的分析，并为棒垒球运动员体能训练的科学化设计指明了方向，同时，阐述了棒垒球运动员体能训练中的疲劳恢复、营养补充及伤病处理的具体方法。本书针对棒垒球运动员体能训练的研究全面、深入、细致，理论分析深入浅出，训练实践指导性强，对棒垒球运动员的科学体能训练具有重要的指导作用。

图书在版编目(CIP)数据

棒、垒球运动员体能训练/张涛著. --北京：中国纺织出版社，2017.3 (2025.5重印)

ISBN 978-7-5180-2018-8

Ⅰ.①棒…　Ⅱ.①张…　Ⅲ.①棒球运动－体能－身体训练②垒球运动－体能－身体训练　Ⅳ.①G848.02

中国版本图书馆 CIP 数据核字(2015)第 229970 号

责任编辑：汤　浩　　　　责任印制：储志伟

中国纺织出版社出版发行

地址：北京市朝阳区百子湾东里 A407 号楼　邮政编码：100124

销售电话：010－67004422　传真：010－87155801

http://www.c-textilep.com

E-mail:faxing@e-textilep.com

中国纺织出版社天猫旗舰店

官方微博 http://www.weibo.com/2119887771

河北晔盛亚印刷有限公司印刷　　各地新华书店经销

2017 年 3 月第 1 版　2025 年 5 月第 9 次印刷

开本：710×1000　1/16　印张：16.75

字数：217 千字　定价：98.00 元

凡购本书，如有缺页、倒页、脱页，由本社图书营销中心调换

前　言

对于任何一个运动项目来说，体能都是重要的基础，没有一定的体能作保障，整个训练和比赛就难以顺利进行。因此，体能训练在整个运动训练中占据着非常重要的地位，加强体能训练对运动训练水平的提高具有重要的意义。在棒垒球运动中，运动员需要做大量的奔跑、跳跃等动作，可以说它是一项最接近田径运动的球类运动项目，因此，加强棒垒球运动的体能训练就显得尤为重要。

目前，由于我国棒垒球运动开展的形势并不乐观，因此对棒垒球体能训练的研究也就少之又少，大多数棒垒球书籍及论文研究的一般都是棒垒球的技战术训练方法，关于体能训练的研究非常匮乏。鉴于此，特撰写《棒垒球运动员体能训练》一书，以期提高棒垒球运动员体能训练的水平，更好地为提高运动员的技战术水平及整个棒垒球运动的发展服务。

本书以棒垒球体能训练为研究对象，重点集中在棒垒球一般体能训练和专项体能训练方面，其目的是设计出可供棒垒球运动员采用的科学的体能训练方法。以此为依据，本书共分为五章，第一章为棒垒球运动员的体能训练概述，大体阐述了棒垒球运动及棒垒球体能的相关知识，以及棒垒球体能训练的意义。第二章为棒垒球运动员体能训练的理论基础，重点阐述了棒垒球运动员体能训练的生理学基础、心理学基础、运动学基础、训练学基础和教育学基础。第三章为棒垒球运动员体能训练，主要研究了棒垒球运动员的一般体能训练和专项体能训练的手段与方法，并分析了创新模式在棒垒球体能训练中的应用。第四章为棒垒球运动员体能训练的科学化设计，在研究了棒垒球科学训练的规律及程序的基础上，重点研究和设计了棒垒球体能训练的方法。第五章主要阐述了棒垒球运动员体能训练的医务监督知识,涉及棒垒球体能训练的疲劳与恢复、营养与补充、伤病及处理、自我医务监督等知识。

本书内容翔实、结构严谨、逻辑清晰,其特色具体体现在三个方面:第一,理论研究富有前沿性和学术性,具有重要的指导意义;第二,理论研究与实践应用高度结合,具有重要的实用价值;第三,训练方法的研究及设计具有针对性和可行性,能有效提高棒垒球运动员的体能训练水平。

本书在撰写的过程中,参考和借鉴了大量有关棒垒球运动方面的书籍和资料,在此向有关专家及学者致以诚挚的谢意,由于时间仓促及精力有限,不足之处在所难免,恳请广大读者批评指正。

作者

2016 年 7 月

目　录

第一章　棒垒球运动员体能训练概述

对于任何一个运动项目而言，体能训练与竞赛是最重要的基础要素。在棒垒球运动中，运动员参加训练和比赛都需要有充足的体能，这样才能保证训练负荷与训练质量，并能够高质量地完成比赛，同时也有利于降低训练竞赛过程中的损伤风险，为技战术水平的提高提供强有力的保障。

第一节　棒垒球运动概述

棒垒球运动在美国、日本等国家有着良好的发展基础，其运动水平非常高。而在我国，参与棒垒球运动的运动员及该项运动的爱好者相对较少，其运动水平较之开展较好的国家，相对低很多。本节简述棒垒球运动的发展历程及基本知识，以帮助运动员更好地认识棒垒球运动。

一、棒球运动概述

（一）棒球运动的起源与发展

1. 棒球运动的起源

棒球是一种由 9 名队员组成，在设有 4 个垒位的直角扇形场地上进行轮换攻守的球类运动比赛。基本规则为，进攻队员依次用棒击球并按照顺序踏遍4个垒来进攻得分，另一队则在场内布防，用投球、传球和接球造成攻方队员出局；当攻队累计有3名队员出局时，双方交换攻守，比赛共9局，每队各攻、守一次为一局，累计积分多的队为胜。

关于现代棒球运动的起源，并没有一个统一和权威的说法。据科学家考证，希腊和印度的古代寺庙以及碑石浮雕上均刻有持棒打球的图案。据史料记载，现代棒球运动起源于美国，是在英国板球运动的基础上发展起来的。板球于14、15世纪在英国盛行起来，后来逐渐流传到美国东北部各地。在棒球传播与发展的过程中，名称和打法的细节出现了一定程度的变化，各个地区都存在着一定的差异。所谓板球（Cricket），有的叫圆球（Rounder），有的叫镇球（Town Ball），有的叫垒球（Base Ball）。发展到19世纪，这些球类活动得到了相当程度的普及与发展。

2. 棒球运动的发展

1839年美国人窦布戴伊发起并组织了一场棒球比赛，这场比赛是在波士顿队和纽约队之间进行的。1845年，世界上第一个棒球俱乐部在美国纽约成立，美国人卡特赖特制定了第一部棒球竞赛规则，开创了近代棒球运动发展的新纪元，在此之后，棒球运动进入了一个快速发展的阶段，后来人们为了纪念卡特赖特对棒球运动所做出的贡献，将其称为“现代棒球之父”。1869年美国成立了世界上第一个职业棒球队，并于1871年成立全国职业棒球队。1992年棒球被列为奥运会男子比赛项目，棒球运动的发展又上了一个新的台阶。

1845年以后，棒球运动在美国进入了一个快速发展的阶段。1846年设计出扇形场地、比赛服，并按标准规则进行了首次正式的棒球比赛。19世纪50年代起比赛逐渐正规化，棒球运动的发展进入了新时期。1865年棒球运动开始向职业化发展。1869年成立了世界上第一个职业棒球队——辛辛那提红袜队，其在美国宣告成立。随后，许多职业球队联合成各种不同的联盟。1871 年成立全国职业棒球运动员协会，1876 年简称“全国棒球联盟”。比赛逐渐由俱乐部间比赛、联盟间比赛，扩大为世界锦标赛、全明星赛等。

19 世纪初，棒球运动就已传入欧洲。但开展的国家很少，就是已开展的国家也不普及。19 世纪 20 年代第一届世界性棒球比赛在英国举行。第二次世界大战后，由于美国驻军的影响，在意大利、荷兰、西班牙、瑞典、法国、捷克斯洛伐克、波兰等国都逐渐有所开展。其中意大利、荷兰等国开展较快，在欧洲棒球联盟举办的每年一度的欧洲棒球赛中都曾多次夺得冠军。

20 世纪 20 年代，美国总统塔夫脱签署了将棒球运动定为“国球”的法令，使棒球成为一种全民性体育运动项目。现在，美国两大职业棒球组织拥有 100 多个棒球队，其中大联赛 24 个队，每年每队要进行 160 场以上的比赛，观众（包括电视观众）达数亿人次，盛况空前。可以说，美国各城市都有自己的棒球组织和棒球队，是美国人民喜闻乐见的运动项目。

1936 年在库柏斯镇建立了“棒球荣誉厅”，以纪念那些对棒球运动的发展做出过杰出贡献的人。随着社会的发展和国际交往的频繁，棒球运动已传播到世界各地，并被列为 1992 年奥运会的正式比赛项目。国际棒球联合会成立于 1936 年，设在美国印第安纳波利斯。1981 年，我国成为国际棒球联合会会员。

随着美国国力的增强，美国棒球的普及和水平位居世界之首，并对外扩展，把棒球运动带到了世界各地。近百年来，棒球一直在拉丁美洲各国开展，其中古巴水平很高，曾多次夺得世界棒球锦标赛冠军，号称世界棒球五强之一。其次是远东的朝鲜、日本、菲律宾等国。

目前为止，棒球运动已在全世界五大洲的七八十个国家和地区开展。世界业余棒球运动的最高领导机构是国际棒球联盟。其总部设在美国，会员国已由 20 世纪 70 年代的 50 多个增至目前的 63 个。

随着现代社会的不断发展，棒球运动已传播到世界各地，并被列为 1992 年奥运会正式比赛项目，随后又退出了 2012 年的伦敦奥运会。

棒球运动传入中国的时间也是较早的，首先在上海、广州、天津、北京等地的学校传播。在国内第一只棒球队是 1895 年成立的北京汇文书院队，最早的比赛在 1907 年该队对通州协和书院队的一场比赛。

1979 年，中国棒球协会成立。1981 年，中国加入国际业余棒球协会，开始了棒球运动的国际化交往。1986 年，在日本举行的世界少年软式棒球赛上，中国少年棒球队一路过关斩将，最终获得冠军。这是中国在国际棒球比赛中第一次夺得冠军。1990 年和 1991 年我国成功地举办了第 11 届亚运会棒球表演赛和亚洲棒球锦标赛，这标志着我国棒球运动国际地位的提高。目前，棒球最普及的国家是美国和日本。此外台湾地区、韩国、菲律宾等东南亚国家和拉丁美洲也极为风行。另外，美国职业棒球大联盟是竞技水平最高的联赛，纽约洋基队是最为著名的球队。

（二）棒球运动的特点及价值

1. 棒球运动的特点

棒球运动是一种以棒击（打）球为主要特点，具有很强的集体性、对抗性的球类运动项目，被誉为“竞技与智慧的结合”，是一项集智慧与勇敢、趣味与协作于一体的集体运动项目。棒球运动又是一项动与静结合的项目，它分工明确，队员与队员之间需要协作配合，又需要个人的智慧和才能。成员之间分工明确，责任清晰，必须主动配合，相互服务，必须要顾全大局，甘于牺牲自我。

2. 棒球运动的价值

与其他球类运动项目一样，经常参加棒球运动能有效地锻炼人的身体、增强体质水平。棒球运动不但有其本身的特点，还具备其他球类运动及田径运动的特点，要求运动者必须具备良好的速度、力量、耐力、柔韧、灵敏等素质。因此，经常参加棒球运动，对于发展运动员的全面素质具有积极的作用，另外，棒球运动还能有效改善人体中枢神经系统的功能，提高判断力和反应能力；增强循环、呼吸等器官的功能，促进新陈代谢。棒球运动既可以使人胸襟开阔，又可以促进人的身心健康。由于棒球比赛规则复杂，战术变化多，需要快速的思考、分析和判断，加强配合和默契，所以棒球还能培养人们机智灵活、坚毅果敢、勇猛顽强的精神和团结战斗的作风。

二、垒球运动概述

1887 年，美国芝加哥法拉格特划船俱乐部的 G. 汉考克为了在严冬和风雨时能在室内打棒球，对现代棒球运动的场地、器材和竞赛规则作了某些修改，1888 年，他组织了第一次室内棒球赛。1895 年美国明尼苏达州明尼阿波利斯的消防队员罗伯特(Lewis Robert)对棒球运动的场地、器材等作了部分修改，使其更加适合室内运动，取名“室内棒球”。这种新项目由于场地减小，技术难度相应降低，它的娱乐性和竞赛性吸引了越来越多的人参加。不久室内棒球又被搬到室外去打，并且迅速地传播到其他地方。这项运动在形成和发展的过程中，它的名称、游戏方法、场地和器材等方面也经历了混乱和反复的过程，单是球就有 12 种不同的尺寸。后又将“室内棒球”移至室外进行，因球体比棒球大而软，深受女子喜爱，故又称“软球”“女孩球”。1926 年定名为 Soft ball，中译为垒球。1933 年美国垒球协会成立，正式确认该名，设立国际联合规则委员会才统一了规则，后逐渐流行于世界各国。第二次世界大战结束后，垒球在美国发展很快，现在美国垒球协会每年举办16项成年和8项青少年全国性比赛。美国人称垒球为“人人参加的运动”。

1952年9月，国际垒球联合会成立，总部设在美国的俄克拉荷马城，当时有协会会员56个。1962年在美国奇卡特州的斯特拉福特市举办了第一次非正式的“世界垒球锦标赛”，参加者有美国、日本和加拿大等17个球队。1965年举办了首届世界女子垒球锦标赛，澳大利亚队获得冠军。1966年起举办世界男子垒球锦标赛。从1968年第2届世界男子垒球锦标赛和1970年第2届世界女子垒球锦标赛起，定为以后每隔4年分别举办1届世界男子垒球锦标赛和世界女子垒球锦标赛，男女间隔两年交替进行。1980年，中国棒垒球协会被该会接纳为会员。1996年垒球被列为奥运会比赛项目，仅设女子项目。

垒球运动属于一项集体对抗性运动，运动过程中需要不停的奔跑，做各种跳跃动作，因此是球类运动中最富有田径特色的运动项目。垒球的基本技术如传球、接球、击球和跑垒等，都是人类的基本活动技能，与田径运动中的投掷和奔跑动作非常相似，容易掌握。运动者要想完成垒球技术动作，必须要具备一定的速度、力量、灵敏、柔韧等素质。在进行垒球比赛时，进攻与防守完全分开，运动量适中，技术动作难度适当，具有较强的娱乐性、健身性和趣味性，适合各类人群参与。经常参加垒球运动，可以发展传、投、击、跑等人体的基本活动能力，全面提高身体素质。

第二节　棒垒球运动员体能概述

棒球和垒球是两项非常相似的运动，其运动员的体能训练手段也可以相互借鉴使用，本节主要阐述一下棒垒球运动体能的相关概念及影响棒垒球运动员体能的主要因素。

一、体能的概念及内容

（一）体能的概念

体能一词最早源于美国，不同的学者有不同的看法和见解。国外学者们普遍认为体能或体适能是指：身体适应生活、活动与环境的综合能力，它主要包括健康体能和运动体能两层意思。一般在德国称之为“工作能力”，而法国人称之为“身体适性”，日本人称之为“体力”，中国香港地区、台湾地区称之为“体适能”。

我国学者对体能的研究与国外相比还存在着一定的差距。1996 年出版的《体育理论》认为体能是体质的一部分，体能是指人体各器官系统的机能在肌肉活动中表现出来的能力。2000 年出版的《运动训练学》认为体能是指运动员机体的基本运动能力，是运动员竞技能力的重要构成部分，运动员的体能发展水平是由其身体形态、身体机能及运动素质构成的。

一般来说，体能可分为健康体能和竞技体能两个部分。健康体能是指人们在日常生活和工作所需的体能素质，主要包括心肺耐力适能、肌肉力量适能、肌肉耐力适能、柔韧性适能以及适当的体脂肪百分比。而竞技体能则特指运动员在竞技比赛中为创造优异运动成绩所需要的体能。

综上所述，体能就是指运动员机体的运动能力，是竞技能力的重要组成部分，是运动员为完成训练和比赛而具备的身体运动能力的综合。这些能力主要包括身体形态、身体机能和运动素质。其中运动素质是最为重要的部分，它是体能的决定性因素，而身体形态、身体机能则是形成良好运动素质的基础。总体来说，健康体能就是以增进人体健康和提高人体基本活动能力为目标的能力；竞技体能则以追求优异的运动成绩所需的体能为目标。一般来说，体能的最高层次是机体对高强度竞技运动的良好适应。

体能的概念结构如图 1-1 所示。

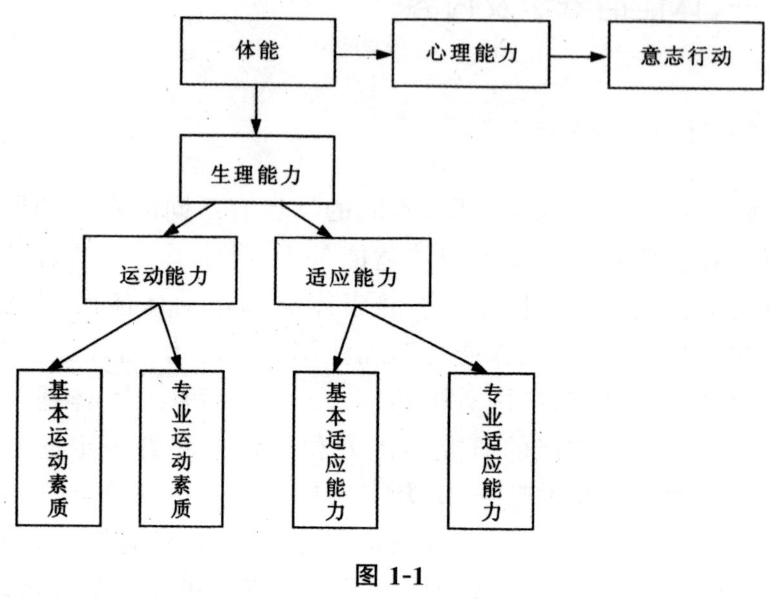

图 1-1

（二）体能的内容

一般来说，体能的内容主要由生理能力和心理能力构成，生理能力可分为运动能力和非运动能力，心理能力是指心理调适与控制能力。

人的运动能力主要由心肺耐力、力量、耐力、速度、柔韧、灵敏和协调素质等构成。非运动能力特指人的环境适应能力。

1. 生理能力

(1)心肺耐力

人体心血管系统和呼吸系统通过摄入、运送、吸收利用氧气来进行新陈代谢，从而产生能量的能力叫作心肺耐力。在棒垒球运动中，对运动员的心肺耐力素质要求较高，一般来说，人体的心肺耐力主要取决于人体的心血管系统、呼吸系统的机能的强弱。在相对安静状态下，人的心肺功能一般都能够适应安静状态时机体的需要，但是运动员在体能训练中，会表现出明显的心肺耐力的差异。一般来说，运动员的心肺耐力测定的方法主要采用定量运动负荷试验的方法，即观察完成定量负荷所需要的时间、负荷后心肺功能的反应；或在固定时间内，运动员能完成的运动负荷量的大小。根据试验结果，可以对心肺耐力进行综合评价。

(2)力量能力

可以说，力量能力是人体完成一切活动的基础。一般的力量能力指的是肌肉力量。肌力的测试，一种为测定肌肉一次用力收缩时所能产生的最大力量，目的是测定肌肉最大力量；或者是测定肌肉在大负荷下，能够重复收缩的次数或能够持续的时间，目的是测定肌肉的力量耐力。

(3)耐力能力

耐力能力是指人体坚持长时间运动的能力。一般来说，机体的耐力素质可分为肌肉耐力和心血管耐力。肌肉耐力也可称为"力量耐力"，心血管耐力分为有氧耐力和无氧耐力两种。有氧耐力是指在氧气充足的情况下，运动员机体能坚持长时间工作的能力。无氧耐力也叫"速度耐力"，是机体在无氧或氧气欠缺的情况下，坚持较长时间工作的能力。不同耐力素质的评定包括有氧耐力的评定及其负荷量度评定；糖酵解无氧代谢功能的无氧耐力的评定与训练负荷量度的确定。

(4)速度能力

速度能力是指人体快速做运动的能力，它主要包括反应速度、动作速度和移动速度。反应速度是指人体对各种信号刺激快速产生应答的能力。动作速度是指人体或人体某一部分快速完成某一动作的能力。移动速度是人体在朝特定方向位移的能力。其评定标准一般为反应速度、动作速度、移动速度在单位时间内的完成程度。

(5)柔韧能力

柔韧能力是人体关节在不同方向的运动能力以及肌肉、韧带等软组织的伸展能力。根据运动专项来划分,可将柔韧能力分为一般柔韧素质和专门柔韧素质两种。身体的柔韧性能力也是公认的健康体能的要素之一。柔韧性素质与人体关节活动幅度的大小,以及跨过关节的韧带、肌腱、肌肉等的延展性有关。目前对于柔韧性的评价,虽然可以用各种仪器对关节活动范围进行测量,仍有一些实用的简单易行的方法对这一素质进行测定和评价。柔韧能力常用的测定指标包括评价躯干和下肢柔韧性的坐位体前屈试验,肩关节活动的持棍转肩、双手背勾试验,以及躯干旋转活动性的臂夹棍转体试验等。

(6)灵敏能力

在各种突然变换的条件下,运动员能够迅速、准确、协调地改变身体的空间位置和运动方向,以适应外部环境变化的能力叫作灵敏能力。灵敏能力可分为一般灵敏素质和专门灵敏素质两类。测试灵敏素质可以在跑、跳中迅速做出的各种动作、各种调整身体方位的练习、专门设计的各种复杂多变的练习、各种改变方向的追逐性游戏中对信号做出复杂应对。

(7)协调能力

人体在运动过程中,身体各器官系统、各运动部位配合一致,完成动作的能力叫作协调能力。它不是一种单纯的运动素质,与锻炼者各器官的功能、各运动素质、心理品质和个性特征以及技能储备等联系密切,是各种能力在机体的综合体现。在运动学领域,协调性被认为是机体运用两三种运动形式完成一个特定的运动目的的能力。协调性包括一系列复杂的活动,这些活动包括感官对输入产生反应,然后从所学的技能中处理并选择适当的运动程序,最后执行动作。大脑能够在千分之一秒内对输入的信息进行预测、评价和调整。

(8)环境适应能力

运动仅仅是使人体各器官机能发生变化的刺激因素之一。人体不运动时,外部环境也能使身体器官的机能发生变化。我们把适应工作环境和自然环境的能力称为适应能力,它是体能的基本内容之一，它与运动素质组成体能的生理方面的要素。

2. 心理能力

按照辩证唯物主义的观点，身心是不可分的，身心相互影响、相互制约。外界因素对体能能产生一定的影响，这些影响通常包括对生理和心理的影响。心理影响因素在体育运动中主要是指非自然因素。比如在棒垒球比赛中，观众的欢呼声所造成的“主场优势”，这些因素通过人体本身特有的情感体验调节人身体的生理机能。因此体能表现应该包括心理因素，而心理因素变化对生理变化的影响的关键就是意志力。意志对行动的调节有两个方面：一是发动，二是抑制。因此，运动员要想提高自己的棒垒球运动水平，就必须提高自己各方面的素质，包括身体素质和心理能力素质。

二、影响棒垒球运动员体能的因素

（一）先天因素

所谓的先天因素主要指的就是遗传因素，每个个体的生长发育都受到遗传因素的影响。个体的体型、长相、性格和气质等，都受到其父母的种族以及一切遗传基因，包括某些遗传性疾病的影响，如色盲、精神病、高血压病等患者的近亲中发病率一般高于健康者，单卵双生子的同病率也高于双卵双生子，这些都是遗传因素起作用的体现。由此可以看出，遗传因素在个体的生长发育过程中起着肯定性的作用，构成了机体潜在特征的要素。每个个体都会受到遗传因素的影响，这一点是确定无疑的，但是受影响的程度是千差万别的，其中影响遗传程度的因素也很多，其中后天的环境条件起决定作用。遗传变异是一种十分常见的现象，这就是后天环境影响遗传程度的结果。例如，在良好的物质生活环境下成长的子女，体型特别是身高会超过父母的平均身高水平，这是通过外界环境的改善，机体在充分发挥其遗传潜在特征的同时，还能促使机体朝着良好方面发展，继续若干年后，这种后天获得的优良体质和体格都能遗传给下一代。上面是优良环境对遗传的影响，此外，不良环境也对遗传有着影响，如受到不良环境和不利的外界因素的干扰，机体内外平衡会出现失调的情况，最后会引起遗传基因突变，导致各种遗传病发病率升高。通过上述论述，可以知道环境对于遗传的重要性，这也为人类更好的发展提出了要求。在日常的生活中，要注意卫生保健，养成健康的行为和生活方式，并提倡科学健身、科学婚姻及优生优育等，通过这些良好的行为促进遗传变异向良好方面转化。这样才能保证种族世代繁衍，体质增强，生活健康、美好。

遗传因素对个体的影响还体现在智力水平上。美国行为遗传学研究所曾经进行过一项调查，研究对象是245位收养子女，经过7年的时间，发现了遗传在很大程度上影响着智商。其中一个鲜明的例子是一个孩子出生后就由高智商养父母抚养成人，但其智商基本上与智商平平的生父母相近。这就可以说明，先天赋予个体智能的差异与遗传因素有关。但是，不可忽视的是，在身心素质的形成和发展中，环境因素有着不可忽视的价值和意义。在不同的生长环境下，个体发育、健康水平条件和心理活动模式会有着较大差距。由此可见，遗传因素虽然重要，但不起决定作用，后天的刻苦努力往往是成才的决定因素。

（二）后天因素

1. 环境因素

环境因素是后天因素中非常重要的组成部分，人类与环境的关系非常密切，环境对人类健康影响也很大，几乎所有影响人类健康的因素都与环境有直接关系。众所周知，人类与环境之间的最本质的联系是物质和能量交换。一方面，人体从环境中摄取空气、水、食物等生命必需的物质，在机体内经过分解、同化组成细胞和组织的各种成分，并产生能量，以维持机体的正常生长发育和各项生理活动；另一方面，在机体内产生的各种代谢产物，通过各种途径排到环境中，在环境中经过多次变化，又成为营养物质再被人体所摄取。因此，环境的构成及其状态的任何异常变化，都会不同程度地影响到人体的正常生理活动。人类通过自身的调节不断适应变化着的环境，一般的环境变化，人体可以接受，但超过一定的程度，人体的功能和结构就会发生变化甚至是产生病变。总体来说，环境因素包括自然环境和社会环境两个方面。

(1)自然环境

自然环境是人类生存和发展的物质基础的提供者，自然界中的空气、气流、阳光、水源、土壤、食物、气候以及各种物理、化学和生物等诸因素都包含其中。人类与自然环境之间是相互联系、相互影响的。人置身于大自然中，能摄取其有益于身体的物质，同时又受到自然环境中的影响，如人体基础代谢就受到气候和季节的影响；如生活在寒带地区的人，生长发育速度往往要比生活在热带地区的人慢而晚，且寿命会比热带地区的人长；在春季时，少年儿童增高较快，而秋季则增重较快。由此可知，生长素分泌量或能量代谢受到气候、季节的影响。又如，人在优美适宜的环境中心情舒畅，内分泌协调，精力充沛，而面对废气、废水、粉尘、噪声和振动等公害污染，或气候的酷暑严寒、空气湿度、温度、气流、气压的突变等环境时，机体与外界环境之间的平衡被破坏，人体健康就会受到影响，将会出现病理状态。

对棒垒球运动员来说，运动训练场是其生活和训练的主要场所，是其主要接触的环境。一般来说，优雅适宜的训练环境，能促进运动员的身心健康发展，有利于运动员提高训练的积极性。反之，则会影响运动员的训练心情，难以取得良好的训练效果。由此可见，环境因素对运动员运动训练的影响是不能忽视的。

(2)社会环境

人们在社会中生活，会与社会发生广泛的联系，主要包括与社会意识结构和社会组织结构发生的联系。其中的社会意识结构是指政治思想、道德观念、风俗习惯、文化生活以及政策法令等，而社会组织结构则是指家庭、工作单位、医疗保健设施以及其他社会集团。这两类社会因素都会对人体健康有着或大或小的影响。对于从事棒垒球运动的运动员来说也是如此。

在青少年运动员成长的过程中，家庭环境有着不可言喻的重要性，家庭结构、经济条件及父母的文化修养都会对青少年运动员的身心健康成长产生直接的影响。从教育角度来看，父母是子女的启蒙教师，父母的人格会直接影响到子女。在现实生活中，家教民主的家庭里，子女的性情一般开朗活泼，而缺少家庭温暖或孤寂、贫困的家庭中孩子的独立能力较强，但性情孤僻放任，这可以看出家庭对青少年的重要影响。如果说家庭是个人生活的结合体，那么运动队或运动学校则是运动员学习（生活）的合作体。青少年运动员在学校中接受文化和技能教育，同时在知识学习和技能训练的过程中又养成健康的行为和生活习惯，这对运动员的自身成长都有着积极的影响。

鉴于社会环境对人体的重要影响，因此在青少年运动员的体能训练中应特别注意良好社会环境的创建。即创造良好的运动训练环境和良好的卫生习惯，制定运动员集体的作息制度等，这些都有助于运动员积极健康地参加体能训练。

2. 心理因素

运动员的身心健康不仅受到生理因素的影响，同样受到心理因素的影响。“怒伤肝，喜伤心，思伤脾，忧伤肺，恐伤肾”，这是《黄帝内经》中的描述，意思是不同的情绪变化会导致不同系统的疾病，也证明了心理因素对人体的影响。现代医学临床实践和科学研究也发现，焦虑、怨恨、忧郁、悲伤、颓丧、恐惧、惊慌、紧张、愤怒等一些消极的情绪，可以引起人体各系统功能失调，导致失眠、心动过速、血压升高、食欲减退、尿急、腹泻、月经失调、乳汁减少等。而积极的、稳定的心理状态是保持和增进健康的必要条件，积极、乐观、向上、坚强的情绪能经得起挫折。在社会的发展过程中，传染性疾病对人类的危害最大，是人类死亡的主要原因，而目前，心血管病、肿瘤、高血压、消化性溃疡、慢性闭塞性肺疾患、意外伤害、自杀等与心理有关的慢性疾病已逐渐取而代之，成为人类主要的死亡原因。

对于一名从事棒垒球运动的运动员来说，心理因素对其体能训练也产生极为重要的影响。因此，在日常的训练和比赛中，运动员要注意加强心理素质的训练，排除不利于心理素质提高的因素，提高自己的心理能力，这对于运动员参加体能训练和技战术训练都是非常重要的。

3. 营养因素

营养是影响人体生长的重要因素，对于棒垒球运动员来说也是如此，运动员参加体能训练也需要必要的营养做物质基础，如果机体缺乏营养就不能取得良好的体能训练的效果，进而影响训练水平。因此，棒垒球运动员在日常训练中，要不断地从食物中摄取各种营养素，其中热量、蛋白质和维生素、矿物质和微量元素都非常重要。如果营养素补充不足，人体的正常代谢和生理功能就会受到影响。运动员在营养不足的情况下，可造成身心发育上的各种缺陷或疾病，将会给运动训练和比赛带来极为不利的影响。因此，棒垒球运动员的膳食应注意合理地搭配各种食物，讲究科学的烹调方法，避免食物在烹调过程中造成营养素的破坏和损失，并注意养成良好的饮食习惯，做好特殊情况下的饮食安排，如此才能有效提高体能训练的质量和水平。

4. 疾病因素

疾病也是影响棒垒球运动员参加体能训练的重要后天因素。无论是什么疾病，都对机体产生极大的危害，棒垒球运动员在日常体能训练中要注意训练方式和手段的合理性，科学安排训练负荷，不要过度训练，这要才能避免运动损伤和疾病的发生，保证体能训练的顺利进行。

5. 生活方式因素

人们长期受到一定文化、民族、经济、社会、风俗、规范的影响，从而形成了一系列生活意识、生活习惯和生活制度，这就是生活方式。生活方式对运动员参加训练的影响也是非常大的。不合理的生活方式能潜移默化地影响运动员的训练习惯和行为，这对于参加体能训练是非常不利的，因此棒垒球运动员要想提高体能训练的水平，需要养成健康的生活方式，以良好的态度投入到体能训练之中。

三、决定棒垒球运动员竞技能力的因素

现代训练学认为，运动员的竞技能力主要是由相对独立，又互相联系的五大因素组成的，即体能因素、技能掌握水平、战术意识与素养水平、心理特性因素及运动智能因素。决定棒垒球运动技能水平的因素，包括专项体能；投、传、接、击、跑、上垒等技术；战术安排；心理因素与专项运动智能水平。本书只涉及棒垒球运动员的体能因素及训练方法。体能因素又需要细化为身体形态、力量、速度、耐力、灵敏、柔韧、和协调等素质。关于影响棒垒球运动员竞技能力的体能因素在本书第三章中有具体的阐述，在此不做赘述。

四、棒垒球运动的能量代谢特征

在美国职业棒球大联盟（Major League Baseball，简称“MLB”）官方网站上的技术统计（STATE）一栏里，查询到2004—2013年共10年美国职业棒球冠亚军决赛的比赛时间，见表1-1。

表 1-1　美国职业棒球联盟总决赛用时统计表(N＝10)

年度	2004	2005	2006	2007	2008	2009	2010	2011	2012	2013
时间	3∶19	3∶13	2∶57	3∶55	3∶09	3∶08	3∶42	3∶26	4∶15	3∶37

$\overline{X}$＝208.1 分钟;时间 T 为小时与分的计时方式。

一般而言,高水平的职业棒球比赛持续时间约为 3 小时 30 分钟,垒球相对要短一些。防守方在大约一半的时间里,分散在场地上防守。而进攻方在大约一半的时间里,坐在球队席上观看比赛。如果以持续时间为标准判断该项运动的能量供能方式,则应该是以有氧代谢为基础和主要供能方式的运动。但在实际比赛过程中,击球、接球、传球这些技术几乎都是在几秒钟内就完成了。而不论哪种形式的上垒,都在 5 秒以内完成了。由此可见,棒垒球的能量代谢,应是以无氧代谢为基础和主要决定因素,以有氧代谢为辅助的能量代谢方式。主要供能的能源物质为糖和脂肪。而蛋白质在供能的代谢过程中,所占的比例极小。

如此以来,要求棒垒球运动员在训练过程中,以提高短时能量代谢与恢复的练习为主,适当进行有氧练习即可。短时能量供应的磷酸原系统供能能力是决定棒垒球运动成绩的主要因素。练习内容以 5 秒以内完成的瞬时最大力量和最快速度力量的练习方法为主。

棒垒球运动的专项运动能量代谢系统主要包括运动时间、主要供能、供能关系以及能量恢复等内容(图 1-2)。不同的运动项目,其供能特征也具有明显的差异。

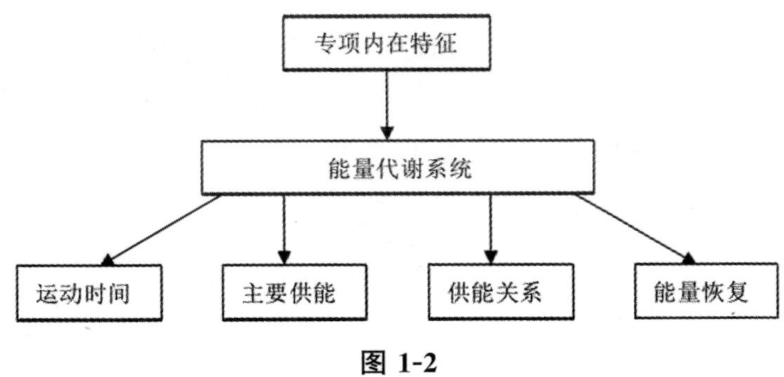

图 1-2

(一)棒垒球运动的能量代谢系统

1. 三大供能系统特征

人体运动的能量都来自于人体的三大供能系统，即ATP-CP供能系统、糖酵解供能系统、有氧供能系统，不同的供能系统有着不同的特征(表 1-2)。

表 1-2　三大供能系统的特征

能源系统	底物	贮备(毫摩尔/千克)	合成 ATP 量(毫摩尔/千克)	可供运动时间	供给 ATP 恢复的物质和代谢产物
ATP-CP	ATP	4~6		6~8 秒	CP
	CP	15~17	100	<10 秒	CP+ADP→ATP+C
糖酵解	肌糖原	365	250	2~3 分钟	肌糖原→乳酸
有氧能	肌糖原	365	13 000	>3~5 分钟	糖→CO_2+H_2O
	脂肪	49	不受限制	1~2 小时	脂肪→CO_2+H_2O
					蛋白质→CO_2+H_2O+尿素

2. 三大供能系统的关系

人体的三大供能系统是一个整体，是相互联系的，相辅相成的。三个供能系统在顺序上也并不是一个耗尽了另一个才开始的，而是彼此交融，互相补充的，如糖酵解供能系统在大强度运动的开始阶段就参与供能，有氧供能系统在糖酵解供能的后期也开始参与供能。

3. 三大供能系统的恢复

不同的供能系统恢复的时间不一样，因为不同的供能物质，本身的化学性质决定了合成的时间，其中 ATP-CP 与氧合血红蛋白的恢复时间最快，其次是非乳酸性氧债的偿还，肌糖原与血乳酸的恢复最慢(表 1-3)。

表 1-3　三大供能系统的恢复

恢复过程		恢复时间	
		最短	最长
肌中 ATP-CP 恢复		2 分钟	3 分钟
非乳酸性氧债的偿还		3 分钟	5 分钟
氧合血红蛋白恢复		1 分钟	2 分钟
肌糖原的恢复	（长时间运动后）	10 小时	46 小时
	（间歇运动后）	5 小时	24 小时
血乳酸的消除	（运动性恢复）	30 分钟	1 小时
	（休息性恢复）	1 小时	2 小时
乳酸性氧债的偿还		30 分钟	1 小时

（二）棒垒球运动的功能系统

1. 棒垒球运动中的供能系统比例

在棒垒球运动中，由于运动员所承受的负荷在比赛中不断变化，因此对比赛供能的具体特点很难定量分析，从目前的文献资料看，关于棒垒球运动中各能源系统供能的具体比例没有详细的定论。

从棒垒球技术动作来看，棒垒球运动中的突然起动、快速移动、急停、变速变向，以及投、传、接、击、跑垒，所需时间基本均在 10 秒之内（表 1-4），这符合 ATP-CP 供能特点的要求。已有研究表明，棒球投球速度与 ATP-CP 供能相关程度很高（r＝0.82）。

表 1-4　2010 年全国棒球锦标赛与联赛场上比赛时间统计

内容	平均时间	内容	平均时间
攻防转换	120.32 秒	击球员击球上一垒	4.12 秒
投手投球间歇（垒上无人）	10.11 秒	跑垒员跑连续两个垒	7.21 秒
投手投球间歇（垒上有人）	15.31 秒	捕手传二垒时间	2.06 秒
击球员击球（准备到击中）	12.22 秒	三垒传一垒时间	2.02 秒
投手试投	55.43 秒	每局比赛	20.31 分
投手投球（起动到击球）	1.51 秒	整场比赛	2~3 小时

从棒垒球运动的比赛时间特征来看，虽然整场比赛时间长，但是每球之间的间歇时间以及攻防转换的间歇时间，可以让运动员的 ATP-CP 恢复一半（ATP-CP 的半程恢复需要20～30秒），这并不意味着有氧供能不重要，由于棒垒球运动比赛耗时较长，有氧供能是无氧供能的基础，良好的有氧能力可以使无氧能力快速恢复，也能使运动员保持长时间反复的大强度运动。

在棒垒球运动中，棒垒球在以投、击、传、接、跑一垒等短暂爆发用力运动时，主要由 ATP-CP 供能，在进攻跑两个或三个垒和投手、捕手在第五局左右时，糖酵解代谢系统也参与供能，整个比赛过程中，有氧供能系统只参与供能很少，主要是帮助运动员的 ATP-CP 的恢复。

2. 棒垒球运动的能量消耗特征

从表 1-5 可以看到，棒球运动中的能力消耗大约是0.069～0.083 千卡/千克・分钟，比网球、足球、篮球、羽毛球运动员的能量消耗低，比排球、高尔夫、台球运动员能量消耗高，和乒乓球运动员能量消耗差不多。

表 1-5　部分球类运动能量消耗

运动项目	每千克体重每分钟消耗热量（千卡/千克・分钟）
棒球	0.069~0.083
网球	0.109
足球	0.132
篮球	0.098~0.138
羽毛球	0.075~0.091
乒乓球	0.068
排球	0.052~0.076
高尔夫	0.058
台球	0.042

第三节　棒垒球运动员体能训练的意义

在棒垒球运动中，需要运动员具备良好的奔跑、跳跃等能力，其中速度、耐力、灵敏等是最为关键的体能素质，因此在日常的训练中，加强这几方面体能素质的训练是至关重要的，这对于棒球球运动员参加棒垒球比赛具有重要的意义。

一、体能训练能保证运动员的身体健康

参加棒垒球运动必须要具备出色的身体素质，保持一个良好的身体健康状况是运动员参加棒垒球运动的必要条件和根本保障。而在日常训练中，加强体能训练能有效地提高运动员的内脏器官尤其是心血管系统、呼吸系统的机能，增强骨骼、肌肉、肌腱以及韧带等运动器官的功能，并有效改善中枢神经系统的机能；除此之外，经常参加体能训练还能克服人体的生物惰性，促进新陈代谢，保证运动员有一个健康的身体，从而投入到棒垒球运动之中。

二、体能训练有利于提高运动员的身体素质

在棒垒球运动中，持之以恒地进行体能训练能有效发展和提高运动员的力量、耐力、速度、柔韧、灵敏等基本的运动素质，为取得优异的比赛成绩服务。通过体能训练，运动员能有效地提高自己的力量水平、速度及耐力、柔韧等素质，使专项运动素质得到最大限度的提高，一般运动素质得到协调一致的发展，为创造优异的比赛成绩打下良好的基础。

三、体能训练可为运动员的技、战术训练打下良好的基础

体能训练可以协调发展人体各器官的系统功能，使其运动能力获得更好的发展。运动员完成技术动作，都需要一定的身体运动能力，否则棒垒球中的技术动作就不能完成或不能顺利完成。另外，依据技能迁移的基本原理，人的机体掌握的动作技能越多，其学习特定的棒垒球的动作技能的能力就越强。而体能训练正是通过各种具体的身体练习动作予以实施的，这些练习动作的学习和掌握，有助于机体运动技术的深化发展。

发展到现在，棒垒球运动中的技战术内容越来越复杂，这对运动员的身体素质提出了更高的要求。需要注意的是，战术训练中包含有一定的身体训练成分，但仅凭战术训练是无法达到对体能的要求的，只有通过专门组织的体能训练才能有效提高身体能力，从而满足棒垒球技战术的需要，保证技战术水平的稳定发挥。

四、体能训练能培养运动员良好的意志品质和稳定的比赛心理

在棒垒球运动中，体能训练是一个循序渐进的过程，要想获得理想的训练效果，就必须要持之以恒地进行。而长期的体能训练可以有效地锻炼运动员吃苦耐劳、坚忍不拔的心理品质。棒垒球比赛对运动员的心理素质有一定的要求，而运动机体高度发展的体能，是其在比赛中获得良好心理素质的基础。通常情况下，心理稳定程度往往受到生理因素的影响和制约，而良好的体能能带给运动员充沛的体力和抗疲劳的能力，使其在比赛中充满自信，从而提高比赛的稳定性，进而取得优异的运动成绩。

五、体能训练能使运动员适应大负荷高强度的训练和比赛

运动员要想在棒垒球比赛中创造优异的运动成绩，只有通过大负荷的运动训练，具才能赢得比赛。具备高度发展的体能，才能保证技战术水平在比赛中的运用和发挥。高强度、高密度、高速度和大运动量的训练已经成为高水平训练课的主要特征。而这些都要求运动员必须具有强健的体魄，良好的身体机能能力。否则就不能顺利完成事先制定的棒垒球运动目标。

六、体能训练有利于延长运动员的运动寿命

经常参加体能训练，能有效地提高运动员的身体素质、提高各项身体机能，能有效地防止运动伤病。另外，通过体能训练产生的训练适应更稳固，运动员所获得的棒垒球竞技能力也会随之发展，运动寿命也会一定程度上延长。相应的，棒垒球运动员的专项技、战术发挥和保持的时间相应也会更长，运动水平衰退的速度也就更慢，运动寿命就会更长。

第二章　棒垒球运动员体能训练的理论基础

体能是运动员进行训练和比赛的基础，对运动员技战术水平的发挥有着重要的影响。这对棒垒球运动员来说同样如此。因此，对于棒垒球运动员来说，进行体能训练是非常重要且必要的。本章就棒垒球运动员体能训练的生理学基础、心理学基础、运动学基础、训练学基础和教育学基础等理论进行分析。

第一节　棒垒球运动员体能训练的生理学基础

一、棒垒球运动员体能训练的新陈代谢基础

新陈代谢是生命运动的基础，机体的运动离不开机体的新陈代谢活动，在棒垒球运动体能训练中，人体的新陈代谢活动变得比安静状态时更加积极，良好的新陈代谢能为运动员从事棒垒球运动体能训练提供重要的物质保障。下面就人体的糖、蛋白质、脂肪、其他物质（维生素、水、无机盐）的代谢过程进行介绍。

（一）糖代谢

糖是人体重要的营养素，同时也是人体十分重要的供能物质。人体摄取的糖质不管是植物性食物中的还是动物性食物中

的，它们都会在消化酶的作用之下逐渐转变为葡萄糖分子（果糖可直接被吸收，不需经转变），是可以被人体直接吸收的，经小肠黏膜的上皮细胞葡萄糖运载蛋白转运进入血液，成为血液中的葡萄糖，也就是所谓的血糖。血糖可以合成糖原，成为大分子的糖。一般来说，可以将糖原分为两类，一类是肌糖原，即肌肉中合成并储存的糖原；另一类是肝糖原，即在肝脏中合成并储存的糖原。除此之外，肝脏还能够将体内的乳酸、丙氨酸、甘油等一些非糖质物质合成葡萄糖或糖原，这一过程就是所谓的糖的异生作用。可见，人体中糖的合成代谢是由两个过程组成的，即人体合成糖原的过程和糖异生的过程。

体内的糖原和葡萄糖分解代谢主要是通过有氧氧化过程、糖酵解过程、乙醛酸途径、戊糖磷酸途径等实现的。糖分解代谢过程释放的能量能够满足机体运动对能量的需要。

在进行棒垒球运动体能训练时，运动员机体肌肉中 ATP、CP 下降，肌糖原无氧分解的功能有一定的增强，肌细胞内钙含量增多。生长激素、甲状腺激素、雄性激素、儿茶酚胺等激素也会发生相应的一些变化，从而对肌细胞产生一定的影响和作用，进而使肌细胞不断地产生适应性变化。因此，在系统的棒垒球运动体能训练之后，机体在运动中消耗的 ATP、CP 和肌糖原，在运动后的恢复期往往会出现超量恢复的现象，能够有效增加肌肉中 ATP、CP 和肌糖原含量，提高 ATP 的无氧再合成的速率，进而增大 EK、PFK、磷酸化酶等活性。

在棒垒球运动体能训练中，当氧供应充足时，机体的肌糖原或葡萄糖就会被彻底氧化分解成水和二氧化碳，并释放大量能量的过程中，即糖的有氧代谢过程。一般来说，棒垒球运动员进行体能训练主要通过糖的代谢提供机体运动所需能量，运动后的恢复期或长时间运动过程中，机体又可以重新合成糖来提供所需的能源。

(二)蛋白质代谢

蛋白质是重要的生命物质,它是构成机体细胞的主要成分,而氨基酸是构成蛋白质的最小单位。人体组织蛋白质及一些含氮物质总是处在不断地分解与再合成的过程。一般情况下,可以通过测定食物中的氮含量和尿中排出的氮量,来将人体蛋白质的代谢状况确定下来。通常来说,人体蛋白质的代谢状况与组织的生理活动是相符的。

正常成年人体内的蛋白质分解与合成处于一种动态平衡状态,也就是摄入氮等于排出氮,这种状态被称为氮总平衡;正处于生长发育期的儿童少年,其组织细胞中的蛋白质的合成大于分解,也就是摄入氮大于排出氮,这种状态被称为氮的正平衡;而饥饿者或消耗性疾病患者的组织细胞中的蛋白质的分解就明显地加强,也就是排出氮大于摄入氮,这种状态这被称为氮的负平衡。

棒垒球运动员在体能训练中,机体的蛋白质代谢主要表现在两个方面:一方面,机体运动时蛋白质可提供一部分能量;另一方面,运动导致骨骼肌蛋白质合成增加,主要外在生理表现为肌肉壮大。

(三)脂代谢

生理学研究表明,脂代谢与人体健康有着非常密切的关系,有规律、有计划地进行棒垒球运动体能训练能够使运动员有机体的脂代谢状况得到有效的改善,而且还能够有效防治运动者的心血管疾病的产生。

脂肪具有疏水性质,要想在体液的水环境中被酶解,就需要借助机体自身的作用、并在随食物摄入的各种乳化剂的作用下形成乳浊液。由此可以看出,脂肪的吸收和转运过程要比糖复杂一些。在机体内部,脂肪的吸收方式主要有两种:一种是小肠上皮细胞直接吞饮脂肪微粒;另一种是脂肪微粒进入小肠上皮细胞,分解产物又重新合成脂肪,形成乳糜微粒,再转移进入淋巴管,经过吸收后扩散入毛细血管。简言之,脂肪通过淋巴和血液两种途径被机体吸收,相较来说,前者为主。人体吸收的脂肪主要在皮下、大网膜、肌肉细胞中等脂肪组织内储存。除此之外,人体的脂肪还可以通过其他方式进行转化储存,比较常见的有以下几种:第一,合成磷脂,成为细胞膜的组成成分;第二,合成糖脂,成为细胞膜和神经髓鞘的组成成分;第三,合成脂蛋白,存在于血液中。

脂肪分解代谢可为棒垒球运动员进行体能训练提供能量,具体来说,脂肪分解代谢产生的能量能够提供到多种生命活动过程中,能够作为长时间中低强度运动的主要供能物质。人体内贮存的脂肪作为细胞燃料参与供能是通过有氧代谢途径进行的。

(四)其他物质代谢

1. 维生素代谢

维生素是维持人体生长发育和代谢所必需的一类小分子有机物。需要强调的是,人体内不能合成维生素,尽管人体对维生素的需求量非常小,但是,维生素也是必需营养,是需要通过食物供给的。各种维生素在结构上没有共性,通常情况下,以溶解性质为主要依据可以将维生素分为包括维生素 B_1、维生素 B_2、维生素 B_6、维生素 B_{12}、维生素 C、维生素 PP(烟酸)、叶酸和烟酰胺等在内的水溶性维生素和包含维生素 A、维生素 D、维生素 E、维生素 K 等在内的脂溶性维生素两大类。

虽然维生素不是组织细胞的结构成分,也不能直接为机体参与运动提供能量,但它们对机体的能量代谢及其调节过程有着重要的作用。在人体中,大多数维生素都会参与辅酶的组成,因此,如果缺乏维生素就会对酶的催化能力产生影响,引起代谢失调，从而使机体运动能力有所降低。

如果棒球球运动员缺乏维生素，就会影响其机体内部酶的催化能力，从而导致机体的代谢失调，进而影响机体的运动能力。但是，过多地摄入维生素，并不会提高棒垒球运动员的运动能力。

2. 水代谢

人体百分之七十是由水构成的，水分是组成生物体的重要成分，是维持生命所必需的物质。保持体内水分代谢平衡是维持机体正常生命活动的重要保证。通常来说，体内大部分水分是从食物和饮料中而来的，只有小部分是在体内物质代谢过程中产生的。人体内水的排出形式主要是通过肾脏以尿液的形式排出体外，其次是通过皮肤、肺以及随粪便排出。人体剧烈运动时，体内产热量增加，水分排出及维持体温恒定的主要途径就是出汗。

棒垒球运动员在进行体能训练时，应重视机体水分供给变化情况，注意保持机体的水分平衡。

3. 无机盐代谢

无机盐是大量存在于人所摄入的食物中的。不同的无机盐被人体吸收的程度也有所不同，比如，人体吸收很快的是钠、钾、铵盐等一般单价碱性盐类；人体吸收较慢的主要是多价碱性盐类；而人体不能吸收的主要是硫酸盐、磷酸盐和草酸盐等能与钙结合而形成沉淀的盐。例如，3 价的铁离子不易被吸收，要想增进其被吸收率，就需要与维生素 C 有机结合起来，因此维生素 C 能够使高价铁离子被还原为 2 价的亚铁离子，从而促进人体对铁的吸收。

无机盐在人体内的存在形式主要是磷酸盐，其主要在骨骼中存在（如钙、镁、磷元素等），作为结构物质，其他少量的无机盐（如钙、镁）的存在形式主要是离子。在体液中解离为离子的无机盐，称为电解质，其在调节渗透压和维持酸碱平衡等方面有着非常重要的作用。体液中离子有阳离子和阴离子之分，这些物质在人体的细胞代谢活动中具有十分重要的作用。

二、棒垒球运动员体能训练中的供能系统

人体的能量代谢对人体的各种运动能力和机能水平具有决定性的影响。一般情况下，把人体能量代谢分为磷酸原供能系统、糖酵解供能系统和有氧氧化供能系统三大系统。

（一）磷酸原系统

在供能代谢中，ATP（三磷酸腺苷）、CP（磷酸肌酸）都通过高能磷酸基团的转移或水解释放能量，通常把 ATP、CP 这种含有高能磷酸基团的物质称为磷酸原。将 ATP、CP 分解释放能量和再合成的过程，称为磷酸原或 ATP-CP 供能系统。

ATP 是人体内瞬时能量的供体，而不是能量的贮存形式。运动时，肌肉内 ATP 分解直接供能，这是人体内能量代谢的中心环节。ATP 水解的放能反应可以为各种需要能量的生命过程供能，完成各种生理功能，如肌肉收缩、生物电活动、物质合成及体温维持等。

具体来说，磷酸原系统供能特点大致为：供能总量不大，持续时间很短。但是它供能快速，是细胞唯一直接利用的能量来源，其能量输出的功率最高。

磷酸原供能系统在棒垒球运动体能训练中具有重要的作用，它能为棒垒球运动员参加体能训练提供必要的能量，一般来说，在大运动量、大强度的体能训练中，运动员的能量消耗较大，而磷酸原系统供能迅速，能供人体细胞直接利用，从而为棒垒球运动员的体能训练提供重要的保障。

(二)糖酵解系统

当机体运动持续的时间在10秒以上且强度很大时,磷酸原系统能供给的能量就无法使机体所需能量得到满足。这时,以支持运动所需的ATP再合成的能量就主要靠糖原酵解来提供,而不能靠磷酸原系统供给。

肌糖原是糖酵解的原料,在强烈的棒垒球运动体能训练中可分解供能并产生乳酸。作为一种强酸,乳酸在体内积聚过多会对内环境的酸碱平衡产生一定的破坏作用,使肌肉工作能力下降,造成肌肉暂时性疲劳。这样一来依靠糖原无氧酵解供能也只能使肌肉工作持续几十秒钟。无氧酵解供能时,不需要氧,但产生乳酸,因此被称为乳酸能系统。在缺氧情况下仍能产生能量,以供体内急需,是其重要的生理意义。

人体在氧供应不足的条件下,骨骼肌糖原或葡萄糖酵解,生成乳酸并释放出能量合成ATP,从而使运动中消耗的ATP得到有效的补充,维持运动的继续进行。在无氧情况下,1摩尔或180克糖原理论上可产生2摩尔或180克乳酸及3摩尔ATP。这种糖经过一系列代谢反应生成乳酸,并释放能量的过程,就是所谓的糖酵解途径或糖酵解供能系统,此过程是在细胞质中进行的一连串复杂的酶促反应。

磷酸原系统和糖酵解系统供能过程都是不需要消耗氧的无氧代谢过程,它们是人体运动时无氧代谢供能系统的重要组成部分,为短时间人体进行极量运动提供所需的能量。在极量强度运动中,随着ATP、CP迅速消耗,糖酵解供能过程在数秒内即可被激活,当运动持续30秒钟左右时其供能达最大速率,可维持1～2分钟,随后供能速率下降,其主要表现为运动强度下降。

(三)有氧氧化系统

人体在参与运动的过程中,当氧的供应充足时,运动所需的

ATP便主要由糖、脂肪的有氧氧化来供能。有氧氧化能提供大量的能量，从而使肌肉较长的工作时间得到有效的维持，这种有氧氧化供能系统就是所谓的有氧氧化系统。

有氧氧化系统是人进行长时间耐力活动的主要耐力系统。有氧代谢能力和人体心肺功能有着密切的关系，是耐力素质的基础。而良好的耐力素质是棒垒球运动员专项耐力提高的重要基础。

三、棒垒球运动员在体能训练中的生理机能表现

作为一个有机统一体，在体能训练中棒垒球运动员的生理机能表现是多方面的，如呼吸、血液循环、心率等，这里重点分析以下两种。

（一）呼吸

呼吸是人体的基础生理活动，人体在新陈代谢的过程中会不断地从外界环境摄取氧气，同时排出二氧化碳，这种机体与外界环境之间的气体交换过程就是呼吸。其过程具体如下。

1．外呼吸

外呼吸指的是外界环境与血液在肺部实现的气体交换，包括肺通气和肺换气。其中，肺部与外界环境之间的气体交换过程叫做肺通气；肺泡与肺毛细血管之间的气体交换过程叫做肺换气。肺通气通过呼吸道、肺泡、胸廓和胸膜腔等结构来实现。呼吸道是气体进出肺泡的通道，肺泡是肺进行换气的场所，而胸廓的节律性呼吸是实现肺通气的原动力。

2．气体运输

气体运输指的是肺在换气以后，血液载氧通过血液循环将氧运送到组织细胞，同时将组织代谢产生的二氧化碳输送到肺

部的过程。经过肺换气和组织换气之后，扩散进入血液的氧与二氧化碳由血液进行运输。气体在血液中的运输形式包括物理溶解与化学结合，其中的大部分是以化学结合的形式进行运输的。物理溶解的量虽然不多，但是非常重要。由于进入血液的气体要首先溶解在血浆中，之后再与血液中的化学成分相结合；结合的气体应该先溶解后才能从血液中溢出。在生理范围之内，气体的溶解状态与结合状态保持动态的平衡。

3. 内呼吸

内呼吸指的是人体组织毛细血管中的血液与组织及细胞之间的气体交换(又称组织换气)，有时也可以将细胞内的生物氧化过程包含在内。

呼吸是一种节律性的活动，呼吸的深度与频率随着机体新陈代谢的水平而发生变化。在棒垒球运动体能训练中，随着运动强度的增加，运动员的呼吸也会不断加深加快，这些过程都是通过神经和体液因素共同调节最终得以实现的。

(二)血液循环

血液是由血浆和血细胞组成。血浆呈淡黄色，含有大量水分、蛋白质、多种电解质、小分子有机物、氧和二氧化碳等。血液具有血量、比重与黏滞性、渗透压等理化特性。

血液是由血浆和血细胞所组成的流体组织，它在心血管系统中进行循环往复的流动，具有沟通内外环境、联系机体各部分的作用，并且在机体里起着物质运输、调节体温以及维持血浆的酸碱平衡等作用。

第二节 棒垒球运动员体能训练的心理学基础

一、棒垒球运动员体能训练的心理学原理

影响棒垒球运动员体能训练的心理因素主要包括运动知觉、心理定向、时间判断、思维、想象、注意力、情绪、意志、精神活动特点与个性特征等。

(一)心理定向

心理定向指的是动作开始以前以及完成动作过程中心理的准备状态和注意的指向性。心理定向对于掌握和提高技术动作非常重要。心理定向能够造成诸多积极的综合反应,并且促进心理活动的调整。准确的心理定向能够帮助人的动作在内容、结构等方面调整得完全符合技术特点,这样运动时就能够及时地在头脑中设计完成动作的模式,并依据模式进行自身的全部行动。

棒垒球运动员在进行体能训练的过程中,练习方法和手段不同,会引导其形成不同的心理定向,而不同的预先心理定向对形成不同的技术特点和技术风格会产生重要的影响,这是由于棒垒球运动员注意力的集中点不同而造成的。

(二)运动知觉

运动知觉反映着人脑对外界事物和人体自身运动的状态。它是一种由许多感觉要素构成的复杂知觉,如重力感觉、速度感觉、肌肉感觉、用力感觉等。人脑对外界事物的运动状态的反映是客体运动知觉,人脑对自身运动状态的反映则被称作主体运动知觉。这两种运动知觉在棒垒球体能训练中各有其独特作用。

棒垒球运动员的体能训练是以运动操作为基础实现的，而准确、协调的运动操作，是以高度分化的运动知觉为基础的。因此，精确分化的运动知觉在运动技术练习中的作用非常重要，良好的运动知觉能够保证各种技术动作的掌握。

（三）情绪

情感是人体对客观事物是否能够满足自己的需要而产生的体验。情绪是情感体验过程的具体形式。

心理学的相关研究表明，情绪对技术的掌握起着非常重要的作用，一般来说，良好的情绪可以起到“增力”作用，如明显地增强人的活动能力，使人体运动能力进一步提高等。而不良的情绪的“减力”作用则是显而易见的，具体表现为精神不振、无精打采、心灰意冷、注意力不集中等。

因此，情绪对棒垒球运动员的体能训练会产生很大的影响。如果棒垒球运动员在情绪不稳定的情况下进行体能训练，又不能很好地控制自己，则其很难掌握好动作技能。倘若其情绪稳定、精神饱满、注意力集中、斗志昂扬，就一定能在体能训练中达到很好的训练效果。

（四）意志

意志是人为了实现既定目标而支配自己的行动，并且在行动时自觉克服困难的一个心理过程。需要指出的是，意志与行动是作为一个整体而存在的。

参与棒垒球体能训练能使运动员拥有坚强的意志品质，棒垒球运动员所具有的坚强意志品质对其掌握动作技能，增强身体素质等有着很好的促进作用。具体表现在以下四个方面。

第一，棒垒球运动员在体能训练中肌肉有时会处于非常高的紧张程度之下，并且需要完成各种不同难度的动作，此时意志努力能够满足完成动作的需要。

第二，棒垒球运动员在进行体能训练时需要高度集中注意力，在意志努力作用下，克服外部和内部刺激的不良影响。

第三，棒垒球运动员在参与体能训练时由于机体各系统全面运转，容易导致疲劳，甚至是运动损伤的产生，意志坚强者能够克服由于疲劳和运动损伤而产生的消极情绪，并坚持长期参与棒垒球体能训练。

第四，棒垒球运动体能训练中的某些动作强度大、危险性高，会对运动员增添畏惧心理，而坚定的意志则有助于运动员克服这种畏惧恐慌的心理。

（五）注意力

注意力是心理活动对一定对象的选择性指向和集中，是一种心理状态。在棒垒球运动员进行体能训练时往往强调注意力的集中。

相关研究显示，进行棒垒球运动体能训练，能够使大脑进入最佳学习状态，这是因为棒垒球运动员通过进行体能训练在增强体质，提高自身身体素质的同时，还能使大脑细胞更加柔韧，细胞之间的相互联系也更加紧密。大脑细胞之间的联系越紧密，运动接受新知识的速度也就越快。同时，进行棒垒球运动体能训练还能有效改善脑部血液循环，加快新陈代谢，减轻身心压力，所以对于集中注意力的作用非常明显。

二、棒垒球运动员体能训练的动机和心理过程

（一）动机

1. 动机概述

（1）动机的含义

动机是个体的内在过程，棒垒球运动员体能训练的动机是

指促使运动员个体从事棒垒球运动体能训练的心理及内部动力。

(2)动机的分类

①根据动机的来源分类

根据动机的来源,可将动机分为两大类,即内部动机和外部动机。

A. 内部动机

内部动机是在生物性需要的基础上,棒垒球运动员通过积极参与体能训练而展示自己的能力,从而体验到强烈满足感的动机。内部动机能够吸取内部力量,能够从内部驱动棒垒球运动员的行为。内部动机能够对棒垒球运动员起到激发作用,其行为的动力就是棒垒球运动员内部的自我动员。

B. 外部动机

外部动机的基础是社会需要。棒垒球运动员希望通过参与体能训练来满足自身社会性需要的动机就是外部动机。

外部动机能够吸取外部力量,能够从外部驱动人的行为,其行为的动力来自于外部的动员力量。

C. 内部动机与外部动机的关系

内部动机与外部动机从实际上来讲是相互影响、相互促进的。外部动机对内部动机的影响可能是积极的,也可能是消极的。外部动机既能起到对内部动机加强的作用,也能削弱内部动机。

②按兴趣分类

按兴趣可将动机分为直接动机和间接动机。

A. 直接动机

直接动机是指以直接兴趣为基础,指向棒垒球运动体能训练本身的动机。一些棒垒球运动员对于体能训练非常感兴趣,认为在棒垒球运动体能训练过程当中能够将其潜力显现得淋漓尽致,使自己获得极大的满足,受到这种思想驱动的动机就是直接动机。

B. 间接动机

间接动机是指以间接兴趣为基础，指向活动的结果的动机。一些棒垒球运动员对体能训练本身的兴趣并不是很大，仅认为这是为获得良好的棒垒球体能训练效果所必须克服的困难，这种动机就是间接动机。

(3)动机的作用

动机的作用，通常表现为以下几个方面。

①始发作用。动机可引起和发动个体的活动的作用。

②指向或选择作用。即动机可引起和发动个体的活动的方向。

③强化作用。即动机是维持、增加或制止、减弱某一活动的力量。

2. 动机的产生

动机的产生有两个必要条件。

(1)内部条件

个体因缺乏某种东西而引起内部的紧张状态就叫作内部条件。这种状态能够使人产生愿望，并推动行为，使人产生做事的动机。

(2)外部条件

个体之外的各种刺激统称为外部条件，各种生物性和社会性的因素都可称作外部条件，外部条件能够引发外部动机的产生，对棒垒球运动员进行体能训练有着重要的影响作用。

3. 动机的培养与激发

(1)满足棒垒球运动员的各种需求

①追求刺激和乐趣的需要

棒垒球运动体能训练有着突出的挑战性和趣味性，能使运动员的身心融为一体，这项运动乐趣性和艰苦性兼而有之，在体能训练过程中，如果进行得非常枯燥，就会导致棒垒球运动员失去训练的乐趣，导致其运动动机的下降。因此，在棒垒球运动体能训练中，要注意做好以下几点。

A. 要使棒垒球运动员的能力与体能训练的难度相符。

B. 在体能训练方法和手段方面要注重多样性，采用多样化的训练方法和手段。

C. 要调动所有棒垒球运动员积极参与体能训练。

D. 在棒垒球运动体能训练中，要允许运动员拥有更多的自主权。

E. 在棒垒球运动体能训练中所分配的训练任务要与运动员的身心特点相符合，使其完成任务不会感到吃力，并且享受其中的乐趣。

②获得集体归属感的需要

任何人都有归属的需要。甚至对于一些运动员来说参与棒垒球运动体能训练的目的就是要在集体当中找到归属感。其参与动机就是渴望能够归属于他人、为他人所接受，他们更需要集体带来的心理安慰，而不是有明确的目的。

因此，在棒垒球运动体能训练过程中要以集体成员的资格作为激励来激发这一类运动员的参与热情，运用集体的行为规范、目标以及集体的荣誉感来激发使他们的运动动机更为强烈。

③实现自我效能感的需要

在棒垒球运动中，展现自己的价值是很多运动员追求的目标。这种需要的特点往往取决于运动员的归因，因而从这一角度可以将棒垒球运动员分为成功定向与失败定向两类。棒垒球运动员非常重视自我价值感这一精神财产。在运动中充分展示自己的才能能够让他人勇于承认自己的价值，甚至他们只要自认为有价值、有能力就能得到极大的满足。

而失败定向的运动员则需要教练员帮助其确立正确的目标，要通过一些积极有效的措施和手段对其需要进行满足，这样才能真正有效地激发和培养他们的内部动机。

(2)运用强化手段培养动机

强化对于可接受的行为给予奖励或撤除消极刺激的过程。

正确使用强化手段可以激发外部动机，同时对内部动机也是非常好的培养。但如果运用不得当，强化手段可能又会对内部动机和外部动机造成破坏。通常强化的效果要强于惩罚的方法，但适当的时候也要运用惩罚的手段。运用强化手段培养动机时，有几点需要注意。

①对应获得奖励的行为和条件进行规定。奖励要有度，不能使运动员觉得自己被控制。

②最好对达到标准的优异表现进行没有规律的强化。

③运动员之间的相互强化值得鼓励。

④运动员必须明白奖励并不是目的，而是能力、努力和自我价值的标志。

(3)依从、认同和内化方法培养动机

①依从方法

依从方法就是利用外部奖励和惩罚来激发运动动机的方法。对于一些尚未建立起良好的行为习惯、自我观念比较淡薄的运动员来说，依从方法是激发其动机的最佳手段。

②认同方法

利用教练员与运动员之间的关系来对运动员的运动动机进行激发，这种方法就是认同方法。认同法是依从法的一种隐蔽形式。要成功利用认同法，教练必须维护好与运动员的关系，让运动员遵从要求成为一种自觉行为。

③内化方法

通过启发信念与价值观来激发内部动机的方法就是内化方法。

在运用依从方法、认同方法以及内化方法激发运动动机时，应注意以下几点。

第一，随着运动员年龄的增长和心智的成熟，内化法是最适宜最有效的方法。

第二，在运动技能发展的初级阶段，依从方法是最为有效的。

第三，由于运动员不同的归因控制点使得激发其运动动机时也应运用不同的方法。

第四，对于以上方法均不适用的运动员，应根据其目标来选择激发其动机的方法。

(4)自我调整以引发动机

大量的实践表明，使别人适当控制自己的生活能够有效地加强动机，提高成就，使责任感和自我价值感得到非常大的发展。这对于运动动机的培养和激发是非常重要的。

通常在棒垒球运动体能训练中教练员对训练过程安排往往是最适合于运动员发展的。但比教练员更了解自身情况的人还是运动员自己。运动员如果能够学会自己制定健身计划，那么可能使健身计划变得更加完善。

因此，教练应根据运动员的能力和水平，适当地下放权力，对运动员的责任心、自觉性和决策能力进行培养。这样除了能够培养和激发内部动机，运动员在生活中获得的经验也会使其受益匪浅。

教练员下放自主权，以使运动员自我引发动机时要注意以下几点。

①要有选择地下放自主权，其主要根据就是运动员的能力和水平。

②教练员应具有移情心。移情心是指一种会站在运动员的角度来观察和思考问题的能力。

③权力下放后仍应耐心帮助运动员进行决策，但不要急于求成，过分指导。

(5)变换训练方法以引起动机

适当地改变棒垒球运动体能训练的环境是激发与培养棒垒球运动员运动动机的间接方法。训练环境的改变主要包含两个方面的内容，即物质方面和心理方面。物质环境的改变可以从练习场地，练习设备条件等方面入手，而对心理环境的改变则可以取消对运动员的消极评语，对运动员分组进行适当改变，改变传统的练习方法等。

(二)棒垒球运动员体能训练的运动心理过程

1. 感知过程

(1)运动与感觉系统

①动觉

动觉也叫作“运动觉”或“本体感觉”,这一感觉负责将身体运动的信息传输给大脑,使机体对身体各部位的位置和运动有所知觉。动觉主要包括肌觉、腱觉、关节觉和平衡觉这四部分。当身体参与活动时,肌肉与肌腱的扩张与收缩以及关节之间的压迫,都能够产生刺激并引起神经冲动,传入中枢神经系统而引起动觉。动觉是发展高水平运动技能的关键。

②视觉

在棒垒球运动员进行体能训练时,视觉发挥着至关重要的作用,其中最重要的一点就是动作是否合理离不开视觉的帮助。

③听觉

听觉刺激能够有效诱发动觉枢的兴奋,使人产生强烈的节奏感,引发听觉和动觉的联合知觉,这种联合知觉能够在棒垒球运动体能训练中发挥重要的作用。

④触压觉

触压觉是由于非均匀分布的压力在皮肤上引起的感觉,分为触觉和压觉两种。触觉是指因外界因素刺激接触皮肤表面造成皮肤的轻微变形而引起的感觉,压觉则是指使皮肤明显变形而引起的感觉。在棒垒球运动体能训练中,对触压觉也有较高的要求。

(2)运动与知觉系统

①空间知觉

空间知觉包括人的形状知觉、大小知觉、深度知觉、立体知觉、空间定向等。空间知觉主要分为两种,即方向知觉和距离知觉。

②时间知觉

时间知觉是对时间长短、快慢、节奏和先后次序关系的反映，时间知觉能够揭示出客观事物运动和变化的延续性和顺序性。自然界中有规律的周期性变化和人体内部自然的生理变化是人类能够产生时间知觉的主要依据。

时间知觉与时机掌握和情绪态度有着非常重要的关系。在棒垒球运动体能训练中，准确把握时间知觉是完成动作的关键因素。

③运动知觉

运动知觉反映了人体对外界物体和自身运动，运动知觉的实现往往需要通过视觉、动觉、平衡觉等多种感觉来进行共同协调。运动知觉分为对自身运动知觉与对外界物体运动知觉两种。

A. 对自身运动的知觉

对自身运动的知觉来源于人体中的运动分析器，运动分析器主要以肌腱和韧带中的感觉神经末梢为感受器。当机体进行活动时，这些感受器由于受到不同程度的牵拉而产生神经冲动，使人对自身机体活动有所知觉。

根据动作的形态、幅度以及时空等特征可以将自身运动的知觉分为运动形态知觉、运动幅度知觉、自身运动的时间知觉和身体空间位置与方向知觉四类。

而根据动觉分析器提供的信息则可将对自身运动的知觉分为主动运动时的用力知觉、运动器官发生改变时的知觉、分辨运动器官活动开始与终结时的方位知觉、运动器官提升到一定高度时的用力知觉、身体运动的速度知觉、身体表面接触到外界物体时的各种触觉、躯体或运动器官位置变化时的各种平衡知觉和来自心脏的各种知觉八类。

这两种分类系统在测量自身运动知觉的时候可以作为参考体系，教练员要根据棒垒球运动体能训练的特征，在以上分类中选择适宜的方面，对运动员进行专项运动知觉的测量，以促进其运动技术水平的提高。

B. 对外界物体运动的知觉

对外界物体运动的知觉是指依靠视觉为主的一些外部感受器来进行的知觉，这种知觉将会承受以下几个方面的制约。

一是运动物体的形状大小和速度知觉是成反比的。

二是运动物体的形状大小与运动速度知觉的下阈限及上阈限成正比。

三是运动场地的变化会影响速度知觉的发挥。

四是在一定范围内，光线亮度与速度知觉成正比。

④专门化知觉

专门化知觉是运动员由于长期坚持从事棒垒球运动体能训练而形成的一种综合性知觉，专门化知觉对运动员在自身运动和环境等两方面能够作出精确的分析和判断，是对运动员心理要求的一个重要方面。其特点主要包括以下几点。

A. 综合性

多种分析器在同一时间协同活动才能产生正确的知觉。

B. 专项性

不同分析器根据不同的特点，能够在运动中不同的专门化知觉中起到独特的作用。

专门化知觉中，动觉是其主要因素。需要注意的是，在测量专门化知觉时，往往采取多种方法进行测量，这比单一的测量方法更加全面和有效，同时还要注意运动员知觉特征的个体差异性。

2. 记忆过程

人在日常生活中的每一个举动都与运动记忆有关。运动记忆与人体的肌肉活动密切相关，因此它和形象记忆、情绪记忆等有明显的区别。

(1)短时运动记忆与长时运动记忆

短时运动记忆是指在对一个动作的练习停止后，其遗忘的速率会随着时间的变化而变化，遗忘的进程先快后慢，但其记忆的内容并不会全部忘记。而长时运动记忆是指学习一项运动技能后，在熟练掌握后能够记忆相当长的一段时间。这两种记忆过程在日常生活与运动中都是常常发生的。

(2)运动表象

运动表象分为内部表象与外部表象。

内部表象是指以内部直觉为基础，以内心体验的方式感受自己的运动操作活动，其实质是动觉表象或者肌肉运动表象。

外部表象是指表象时可从其他人的角度看到其表象的内容，其实质是视觉表象，并没有感受到身体内部的变化。内部表象时的肌肉活动往往要高于外部表象时的肌肉活动。

(3)运动记忆中的信息加工

认知心理学认为，在短时记忆的很短的时间内，个体对产生于本身的刺激，通过知觉组织加以处理，将零散的信息组合成一个包括多个单元的、便于记忆的整体，这一过程就是运动记忆中的信息加工。对每个人来说，在短时间单纯依靠记忆是很难准确记住太多内容的，这时就需要在大脑中进行某种组合加工，以“组块”的形式储入短时记忆。

3. 思维过程

思维可以分为直观行动思维、具体形象思维、抽象逻辑思维三种。通常情况下，在个体发展过程中，直观的行动思维主要向以下两个方向进行转化。

(1)在思维中的成分逐渐减少，而具体形象思维增多。

(2)高水平的操作思维发展迅速。

认知心理学研究表明，个体的操作思维能够有效反映肌肉动作和操作对象的相互关系，因此运动员对运动技能的掌握以及表现都离不开发达的操作思维。也正是由于思维的存在，棒垒球运动员才能正确认识体能训练中的各种动作并准确完成各种体能训练。

第三节　棒垒球运动员体能训练的运动学基础

一、人体运动系统的基本构成

(一)肌肉

肌肉组织主要由肌细胞组成，肌细胞为细长的细胞，故亦称肌纤维，是肌肉的基本结构和功能单位。每条肌纤维外面皆由一层薄的结缔组织膜包裹，称为肌内膜。数条肌纤维构成肌束，一个个的肌束表面也由肌束膜包裹。肌束再合成从外表看到的一块块肌肉，外面包以结缔组织膜，称为肌外膜。肌肉中，水分约占 3/4，另外 1/4 为固体物质(如能量物质、蛋白质、酶等)。

人在运动的过程中，都是由骨骼肌的运动提供动力的，骨骼肌在神经系统支配下，收缩牵动骨骼，维持人体处于某种姿势，或产生人体局部运动，最终促进机体完成运动所需的各种动作。而人体各内脏器官的活动也离不开相应的平滑肌和心肌的作用。

骨骼肌是指附着于骨骼上的肌肉，是肌肉的一种。骨骼肌在人体内分布广、数量多，是运动系统的主体部分。人体内约有 400 块大小不一的骨骼肌，约占体重的 36%～40%。成年男性约占 40%，成年女性约占 35%。可分为中间膨大的肌腹和两端没有收缩功能的肌腱，肌腱直接附着在骨骼上。骨骼肌收缩时通过肌腱牵动骨骼而产生运动。肌腱由排列紧密的胶原纤维束构成，肌腱内胶原纤维互相交织成辫子状的腱纤维束。肌腱的一端与肌内膜、肌束膜和肌外膜相连接；另一端与骨膜紧密结合。肌腱本身虽无收缩能力，但能承受很大的拉伸载荷，而肌腹的抗张力强度远远不及肌腱。

（二）骨骼

骨骼由骨膜、骨质、骨髓及血管、神经构成，它以骨质为基础，表面被骨膜包裹，内部充满骨髓。骨是人体运动系统的重要组成部分，对棒垒球运动员参与体能训练起着至关重要的作用。但是骨的功能不仅仅体现在它的运动功能上，还有其他的一些人体功能需要骨的参与，主要包括以下几点。

（1）支撑身体的功能，有些骨骼骨内有与外界相通的空腔，能够减轻骨的重量，同时还有对声音起到共鸣的作用。

（2）保护脏器的功能，使人体内脏器官在运动中避免受到外部碰撞的伤害。

（3）造血的功能。骨髓分为红骨髓和黄骨髓，其中红骨髓具有造血功能。

（4）运动的杠杆功能，分散压力，使运动更加灵活。

（5）储备微量元素的功能，骨骼中富含钙和磷，并参与人体钙磷代谢。

（三）关节

关节是骨与骨之间借助于结缔组织、软骨或骨的一种连接。借助它连接起全身的骨骼，从而对整个人体起到支撑和保护的作用，特别是人体的运动更加依赖关节的活动是否顺畅。

关节主要由关节面、关节囊和关节腔组成，辅助以韧带、关节内软骨和关节唇等结构。根据关节运动轴的多少和关节面的形状等因素，可以将关节分为单轴关节、双轴关节和多轴关节三种形式。也可以根据两骨间连接组织的不同，将关节分为纤维性关节、软骨关节和滑膜关节。

二、运动过程中人体机能的变化

(一)比赛前后身体机能变化的基本过程

运动员在比赛过程中，多种刺激源作用于机体，引起各器官系统的机能发生一系列反应和适应性变化。依据机能表现形式，大致可分为赛前状态、进入工作状态、稳定状态、运动疲劳和恢复过程五个阶段。

1. 赛前状态

人体在参加比赛或训练前，某些器官、系统产生的一系列条件反射性变化称为赛前状态，赛前状态可出现在比赛前数天、数小时或数分钟。

2. 进入工作状态

在进入正式比赛或训练之后，虽然经过了一定的准备活动适应，但是人体并不能立刻达到最高的水平，而是一个逐步提高和适应的过程，而这一过程被称为进入工作状态，其实质就是人体机能的动员。

3. 稳定状态

当机体逐渐适应比赛时，则进入稳定状态，此时人体的机能活动在一段时间内保持在一个较高的变动范围。稳定状态又可分为真稳定状态和假稳定状态。

(1)真稳定状态

在进行中小强度的长时间运动时，当进入工作状态阶段结束后，机体所需要的氧气可以得到满足，即摄氧量和需氧量保持动态平衡，这种状态称为真稳定状态。在此状态下运动时，人体的能量供应以有氧代谢供能为主，很少产生乳酸和氧亏，运动员能够较长时间地运动，一般可达几十分钟或几小时。

(2)假稳定状态

在进行大强度、长时间的运动时，当进入工作状态结束之后，人体的摄氧量已经达到最大摄氧量水平，但是却不能满足机体对氧气的需求，人体氧亏不断增多，这种状态称为假稳定状态。人体处在这种状态下时，与运动有关的生理指标基本达到并维持在本人极限水平，但是运动的供能则以无氧代谢供能为主，乳酸水平升高，血液 pH 值下降，氧亏不断累积，这类运动不可能持续很长时间。

4. 运动性疲劳

机体在运动过程中会产生一定的运动能力暂时下降的现象，一般称之为运动疲劳。该现象是由运动负荷引起的一种正常的生理现象。适度的疲劳可以刺激机能水平不断提高，但发展到一定程度时就会出现过度疲劳，可能会造成机体损伤以致损害健康。

5. 恢复阶段

恢复是人体在运动之后，人体的各项生理功能恢复、能源物质补充、代谢物排出等一系列变化。运动时体内代谢过程加强，不间断地代谢以满足运动时能源的补充需要，在运动中及运动停止后能源物质都在不断进行补充和恢复，只不过运动中的能量消耗大于补充，运动后的体内能量消耗慢而小于补充。

(二)一次训练中身体机能变化的基本过程

运动负荷作为一种刺激，必然引起各器官系统机能发生一系列应激性反应。在一次训练课前后，这些反应可表现为耐受、疲劳、恢复、超量恢复和消退等不同阶段。

1. 耐受阶段

在训练开阶段，人体的各项机能会在一定的水平会上维持一段时间，并不会马上表现出衰减或降低，这一阶段称为“耐受阶段”。在这段时间内，由于机体已经从上次训练课中得到不同程度的恢复，会表现出比较稳定的工作能力，能高质量地完成各项训练任务。训练的主要任务正是在这个阶段完成的。

2. 疲劳阶段

在经过一定时间的运动负荷的刺激后，人体会产生一定的疲劳状况，机能能力和效率都会逐渐下降。达到何种程度的疲劳深度，正是训练安排所要达到的目的。只有机体达到一定程度的疲劳，机体在恢复期才能发生结构与机能的重建，运动能力才能不断提高。

3. 恢复阶段

训练结束后，即进入了恢复阶段，机体开始补充所消耗的能源物质、修复和重建所受到的损伤并恢复紊乱的内环境。机体在恢复阶段恢复的速率，主要受两方面影响。一方面，身体的耐受阶段持续时间的长短，耐受阶段持续时间越长，则疲劳程度越深，恢复需要的时间就越长；另一方面，运动结束后能量的补充是否及时，能量补充越及时到位，则恢复的速度越快。

4. 消退阶段

超量恢复不会一直持续，它会随时间而逐渐消失，而如果不及时在超量恢复的基础上施加新的刺激，已经形成的训练效果则可能会逐渐消退。

运动效果保持的时间和消退速率主要取决于超量恢复的程度，所出现的超量恢复现象越明显，保持的时间相对越长。因此，安排训练课时，不仅应重视训练负荷安排的合理性，而且必须重视训练课后的恢复，并在出现超量恢复后及时安排下一次训练课。

（三）长期训练过程中身体机能适应的基本特征

1. 刺激—反应—适应的循环过程

机体对运动刺激不仅表现出一定的应激性，更为重要的是其对运动的适应性。适应性表现为若长期施加某种刺激，则机体会对自身进行相应的调整，包括自身形态、结构和机能变化等，以更好地适应这种刺激。

棒垒球运动员长期进行体能训练的过程实质上是一个不断重复进行的刺激—反应—适应过程，在这一过程中，身体结构与机能不断被破坏和重建，如此不断循环。通过这种循环过程，才能使运动能力不断增强，运动成绩不断提高。

2. 超负荷对运动能力提升的影响

棒垒球运动体能训练的目的在于通过系统地施加运动负荷，使棒垒球运动员的运动能力获得不断增长。而运动能力的提高，实质上就是对抗负荷能力的提高。棒垒球运动体能训练的过程，需要不断精心地调控负荷强度。对负荷强度的把握，是训练能否取得有效性的关键。

在训练过程中，如果在初期给机体以较大的负荷，则机体的反应强烈，这时的训练效果也会比较明显；但随着机体的不断适应，其负荷量会相对变小，这时机体的反应会越来越低，训练效果也会越来越弱，逐渐变得不明显。因此，为了使运动员的运动水平不断提高，就需要不断增加适度的负荷量，使其机体处在不断地适应和变化之中，这时，运动员的身体机能才会得到提高。依此周期不断循环，即为超负荷的基本内涵。更确切地说，所谓超负荷，实质上是指循序渐进地增加负荷，使运动员的机能水平在不断进行的反应—适应过程中，逐渐提高到最大运动潜能。

不同的训练安排可产生不同的适应结果，只有对训练负荷的良好适应才能挖掘运动员的最大潜能。

在棒垒球运动员体能训练过程中对于超负荷的把握，应注意下列几方面的问题。

第一，应注重每次训练负荷的设计，包括负荷强度、负荷量以及负荷方式等。

第二，应注重合理安排各训练阶段、训练课之间的负荷安排，做到科学、合理、有序。

第三，人体不是机器，需要适当的休息和调整，因此注重减荷阶段的安排，训练周期中不同减荷阶段的安排与时间长度等。

第四，应制定完善的监控和评价体系，认真观察和分析负荷量的增加对运动员身体状态的影响。积极地调整运动负荷，以及通过评定效果，改进和修正训练计划。

棒垒球运动员运动水平和运动能力的不断提高必须不断增加训练过程中的运动负荷。这就意味着运动负荷应不断地超过原有负荷。但超负荷并非指过度负荷，而是指在不引起机体机能衰竭的情况下最大限度地刺激机体，使之发生最大的适应性变化。也就是说在运动员机体能够承受的范围内，运动负荷必须足够大，训练频度必须足够高。

三、体能训练对棒垒球运动员运动系统的影响

（一）体能训练对棒垒球运动员肌肉的影响

棒垒球运动员长期坚持体能训练能充分发展骨骼肌，使其肌纤维增粗，促使肌肉的体积增大和肌肉力量的增加。通过棒垒球运动体能训练能够使肌纤维中线粒体数目增多，肌肉中脂肪减少，从而减少肌肉收缩时的摩擦；肌内膜、肌束膜、肌腱和韧带中的细胞增殖、增厚、坚实、粗壮；肌肉内化学成分发生变化，如肌糖原、肌球蛋白、肌动蛋白和水分等含量都有增加，从而使

ATP加速分解，与氧的结合能力增强，有利于肌肉收缩，表现出更大的力量；可使肌肉中毛细血管增多，改善骨骼肌的供血功能。因此，经常参与棒垒球运动体能训练的运动员的肌肉会显得发达、结实、健壮、匀称有力，收缩力强，运动持续时间更长。

（二）体能训练对棒垒球运动员骨骼的影响

对于那些正处于青春期的棒垒球运动员来说，新陈代谢正处于旺盛的阶段，在这一时期经常进行棒垒球运动体能训练，对其骨骼的生长和发育有着良好的作用。此外，棒垒球运动员经常参与体能训练，可使骨表面的隆起更为显著，骨密质增厚，管状骨增粗。这一系列骨形态结构的改变，使骨的抗压、抗弯、抗折断和抗扭转等机械性能得到提高。

骨的这种良好变化，与肌肉的牵拉作用有密切关系。肌肉力量的增加与骨量的增加有着显著相关性，且骨量增加部位与肌肉训练部位有关。当肌肉力量增大，肌肉收缩对骨骼产生的应力刺激可有效提高骨细胞的活性，在日后可有效延缓中老年骨量的丢失。

（三）体能训练对棒垒球运动员关节的影响

棒垒球运动员定期进行适宜的体能训练，可以有效地促使骨关节面的密度增加，骨密质增厚，从而能够承受更大的运动负荷。由于棒垒球运动项目所具有的独特特点，它对运动员关节的柔韧性提出了较高的要求。棒垒球运动项目对于运动员的急转、急停能力的要求极高，这就需要运动员具备良好的关节柔韧性。与此同时，关节的稳固性和灵活性又是一对矛盾，因为肌肉力量大，韧带、肌腱、关节囊就会增厚，这对关节稳固性和防止关节损伤有很大好处，但这样又势必会影响关节的灵活性。所以，在进行体能训练时，棒垒球运动员要能处理好关节的这对矛盾，以获得更好的体能训练效果。

四、棒垒球运动技能形成原理

（一）棒垒球运动技能形成的生理学本质

1. 运动条件反射

生理学研究表明，感觉是一切运动的开始，其次是心理活动的产生，最后表现到肌肉，并形成一种反射效应。研究证明，大脑皮层动觉细胞可以和皮质所有其他中枢建立暂时性神经联系，包括内、外刺激引起皮质细胞兴奋的代表区在内。运动的生理机理是以大脑皮质活动为基础的暂时性神经联系。因此，可以认为，人体掌握运动技能的生理本质，就是人体建立运动条件反射的过程。

对于人体来讲，运动技能与一般运动条件反射是不相同的，二者的区别在于运动技能的形成具有连锁性、复杂性以及本体感受性。具体表现如下。

（1）连锁性

一般情况下，运动员运动技能的反射活动是连续的，前一个动作的结束同时又是后一动作的开始。

（2）复杂性

个体的运动技能包含多个中枢参与形成运动条件反射活动（如视觉中枢、运动中枢、听觉中枢、皮肤感觉中枢以及内脏活动中枢）。

（3）本体感受性

在条件反射的过程中，肌肉的本体感受性冲动（传入冲动）发挥了重要的作用，如果没有这种本体感受性冲动，就不能强化条件刺激。同时，由运动中枢发放神经冲动传至肌肉效应器官引起活动的复杂过程条件反射就不可能形成，也就不能够掌握运动的技能。

在棒垒球运动体能训练中，运动员的各项运动条件反射是由多种简单的非条件反射综合起来共同构成的。大脑的各器官发育成熟后，机体在这些非条件反射的基础上，经过听觉、触觉、视觉和本体感觉与条件刺激物多次结合，从而形成了简单的运动条件反射（具体表现为各项棒垒球运动技能的发挥）。

2. 技能信息传递与处理

运动技能的信息处理指的是人对外界环境刺激到发生反应的过程。人在这个构成中就是信息处理器，人对外界环境的刺激到发生反应的过程就是信息处理的过程。这一生理过程对棒垒球运动员进行体能训练，掌握相应的运动技能具有重要的影响作用。

具体来讲，棒垒球运动员学习并熟练掌握棒垒球运动技能后，对运动技能的再现过程中的信息源（刺激）的来源具体如下。

（1）棒垒球运动员运动技能的体内信息

棒垒球运动技能的体内信息主要来源来自大脑皮质的一般解释区。该区域是由躯体感觉、视觉、听觉联合区共同构成的，是人体视觉、动觉、听觉的汇合区，它们本身有其自己的感觉体验与分析能力，信号就是从这里转移到脑的运动部位来控制具体的动作。

（2）棒垒球运动体能训练的学习过程是体外信息源

当教练员发出信息（强度、形式、数量等），通过大脑分析，将这些具体的信息传输给棒垒球运动员，运动员通过自身的感觉器官，经过大脑皮质分析综合形成概念并进一步指挥肢体完成具体的棒垒球运动技术动作。

3. 技能信息的反馈

运动员在学习棒垒球运动技能的过程中，肌肉的用力状况、用力时间、协调功能等需要不断改正。例如，做某一技术动作时，用力太大需减少，用力慢了需加快。这种从动作感觉或结果反过来校正动作的过程就是运动技能的校正，即运动生理学的反馈原理。

在棒垒球运动体能训练中，合理运用反馈原理，对于动作技能的不断精确和完善是非常重要的，可以促进棒垒球运动员准确、熟练地掌握棒垒球运动技能。

（二）棒垒球运动技能形成的过程及其发展

棒垒球运动技能的形成，要从简单到复杂，并有其建立、形成、巩固和发展的阶段性变化和生理规律，只是每一阶段的长短随动作的复杂程度而不同。一般说来，可划分为三个阶段，即泛化阶段、分化阶段、巩固自动化阶段。棒垒球运动员的运动技能形成后，就会得到不断的发展，达到动作自动化。

1. 泛化阶段

一个动作的完成都是通过教练员的示范讲解，然后运动员自己练习后，通过亲身体验对动作有了一个感性的认识。但是对运动的技能的内在规律还并没有理解深入。由于人体对外界的刺激，通过感受器（特别是本体感觉）传到大脑皮质，引起大脑皮质细胞的强烈兴奋，另外因为皮质内抑制尚未确立，所以大脑皮质中的兴奋与抑制都呈现扩散状态，使条件反射暂时联系不稳定，出现泛化现象。在这个阶段表现在肌肉的外表活动往往是动作僵硬，不协调，不该收缩的肌肉收缩，出现多余的动作，而且做动作很费力。这些现象是大脑皮质细胞兴奋扩散的结果。对此过程，教练员应以正确的动作示范来指导运动员正确掌握动作，使运动员抓住动作的主要环节并针对动作中存在的主要问题进行训练，不应过多强调动作细节。

2. 分化阶段

一般在经过动作的习练后，掌握了初步的动作，对于内在的规律也有了一定的理解，多余动作和不协调性得到了解决。这时，大脑皮质运动中枢兴奋和抑制过程逐渐集中，由于抑制过程加强，特别是分化抑制得到发展。大脑皮质的活动由泛化阶段进入了分化阶段，因此练习过程中的大部分错误动作得到纠正，能比较顺利连贯地完成完整动作技术。这是初步建立了动力定型。但定型还尚不巩固，如果有新异刺激产生，多余动作和错误动作可能重新出现。在这个阶段，教练员要特别注意纠正错误动作，让运动员更加准确地掌握动作。

3. 巩固阶段

巩固阶段是在经过反复练习后，运动条件反射系统已经巩固，大脑皮质的兴奋和抑制在时间和空间上更加集中和精确。此时，不仅动作优美、准确，而且某些环节还可出现不需要意志支配就能做出动作，叫做动作自动化。在环境条件变化时，动作技术也不易受破坏，同时由于内脏器官的活动与动作配合得很好，完成练习时也感到省力和轻松自如。

从上述中可以看出，形成运动技能的三个过程是相互联系的，每个阶段都没有明显的界限。训练水平高的，棒垒球运动员在学习掌握新动作时泛化过程很短，对动作的精细分化能力很强，形成运动技能快。相比之下，初学者在新动作的学习中，泛化过程较长，分化能力较差，掌握动作较慢。动作越复杂，泛化过程就越明显，分化的难度也就越大，形成运动技能所需要的时间就越长。

4. 动作自动化发展

在完成了运动技能的泛化、分化、巩固阶段后，就会产生动作的自动化发展。所谓自动化现象，就是练习某一套动作时，可以在无意识的条件下完成的一种行为。自动化的特征是，对整个动作或者是对动作的某些环节，暂时变为无意识的。例如，走路是人类自动化的动作，在走路时可以谈话、看报，而不必有意识地想应如何迈步，如何维持身体平衡。又如，高水平棒垒球运动员在比赛时所表现出来的动作都是自动化的动作。

在运动技能得到巩固后，第一、第二信号系统之间的联系，已经成为运动动力定型的统一机能体系。第一信号系统的兴奋可以选择性地扩散到第二信号系统，所以运动员可以精确地意识到自己所完成的动作，并可以用语言表达出来。

当动作出现自动化现象时，第一信号系统的活动已经从第二信号系统的影响下相对地"解放出来"。完成自动化动作时，第一信号系统的兴奋不向第二信号系统传递，或者只是不完全地传递，这时的动作是无意识的，或是意识不完全。动作自动化的程度对提高运动成绩有着很大的影响，但是不应认为动作达到自动化后质量就得到保证。虽然动力定型已经非常巩固，但由于进行自动化动作时第一信号系统的活动经常不能传递到第二信号系统中去，因此，如果动作出现细微的错误，很可能一时不能觉察，等到一旦觉察，可能变形的动作已因多次重复而巩固下来。因此，在动作自动化的发展中，也要时刻保持对动作质量的检查。

（三）影响运动技能形成与发展的因素

1. 运动成绩对运动技能的影响

棒垒球运动技战术的训练水平的提高一般都是先快后慢，主要是因为在学习新技术初期，过去已经掌握的与新技术有关的相似动作及动作经验，具有迁移作用，有助于新技术的掌握；而且在初期技术动作的分化都是粗糙的；而且新技术对于身体素质的要求并不高。但到了后期，随着技术水平的逐渐提高，对运动条件反射的精确性的要求越来越高，与训练初期形成的运动条件反射差距很大，这就相当于需要重新建立新的运动条件反射；而且要求要对技术进行精细的分化；对身体的素质要求也越来越高。因此，棒垒球运动员训练水平的提高速度就会逐渐减慢。

2. 大脑皮质机能状态对运动技能的影响

大脑皮质机能状态对运动技能发挥的熟练程度有着重要的影响。大脑皮质兴奋性过高或过低都会影响正常水平发挥。大脑皮质的技能状态一般通过应激水平反应出来,疲劳可以导致应激水平降低,棒垒球运动员进行体能训练前的紧张状态可以导致应激水平提高。通过调整运动前状态和准备活动可以调整应激水平达到最佳状态。研究应激水平的方法,目前主要应用脑电图、心率、呼吸、肌电、皮电等。

3. 各感觉机能间的相互作用对运动技能的影响

运动技能的形成过程,就是在多种感觉机能参与下同大脑皮质动觉细胞建立暂时的神经联系。感觉支配肌肉产生肌肉感觉,继而形成运动技能。所以在棒垒球运动体能训练中只有勤学苦练,反复实践,才能建立精确的分化,区别正确动作和错误动作的肌肉感觉,才能巩固正确动作,消除错误动作。

在形成运动技能时,除了受到听觉、视觉、位觉、皮肤感觉的作用外,还受到内脏感觉的影响。在完成任何动作时各感觉机能都同时起作用,只不过根据棒垒球运动项目的特点,对某一种感觉机能要求更高一些。所以在棒垒球运动体能训练中,运动员要尽量多实践,充分发挥各感觉机能的作用,以便有效地加速运动技能的形成。

第四节　棒垒球运动员体能训练的训练学基础

一、棒垒球运动员体能训练的基本原理

(一)新陈代谢原理

新陈代谢是机体运动的基础，了解人体的新陈代谢基本规律和特点是运动员从事棒垒球运动及其训练的重要前提，因此，新陈代谢(物质和能量代谢)原理是个体从事棒垒球体能训练的重要理论依据。

一般来说，人体的新陈代谢包括物质代谢和能量代谢两个部分，对于运动员来讲，在棒垒球体能训练过程中要承受一定程度的运动负荷，训练期间机体需要消耗大量的能量，机体的新陈代谢过程在运动训练期间是非常活跃的。根据机体能量分解的时间的不同，运动员的机体供能不同，通常短时间(10 秒～3 分钟)的运动训练，机体供能以糖酵解为主，而较长时间(长于 3 分钟)的运动训练主要靠有氧氧化系统来供能。

新陈代谢原理要求运动员在运动训练过程中要了解人体运动过程中物质和能量的代谢情况及规律，并科学进行饮食和补充营养，以为科学、有序地增强身体素质和竞技运动水平奠定良好的物质基础，保证在棒垒球体能训练中的机体的物质和能量供应，从而顺利完成棒垒球体能训练任务。

(二)应激原理

应激是指人体对于外部强负荷刺激会产生的生理和心理的一种综合反应。具体来说，人体应激分为警戒、抵抗和衰竭三个

阶段，人体应激的产生与“自我保护反应”有关。运动学研究表明，人体要达到应激状态需要超量负荷，通过超量负荷的施加，机体对原有负荷的平衡和适应状态被打破，通过应激，人体达到新的负荷水平。

在棒垒球体能训练期间，棒垒球运动员运动能力的有序提高依赖于应激原理的科学应用。棒垒球体能训练中应激原理的指导意义在于，教师或教练员要不断加大运动负荷，利用运动员的应激反应，逐渐形成新的平衡，提高运动能力。但是运动负荷不能无限制的增大，要注意极限值，如果超出极限值，则会使运动员产生疲劳，甚至导致身体机能出现衰竭现象，因此要重视处理棒垒球体能训练的负荷量、负荷强度与运动员机体的应激程度三者之间的关系。

（三）运动负荷原理

要想提高棒垒球运动水平，就必须在棒垒球体能训练过程中承受一定量的运动负荷，这是棒垒球体能训练的基础和运动训练的本质，也是棒垒球体能训练实践中运动负荷原理的主要表现。棒垒球体能训练过程中，提高运动员机体的运动能力和其对外界（运动负荷）的适应能力就是训练负荷原理的实践运用。

运动负荷原理指出，在棒垒球体能训练中，一定的运动负荷会引起棒垒球运动员机体在形态结构、机能等方面的生物适应，在训练过程中，运动员机体对运动负荷不断适应，在此基础上，继续通过运动负荷的增加来不断提高身体素质并提高运动能力。运动负荷原理要求运动员在运动训练中应注意以下两个方面的内容。一方面，在棒垒球运动的训练初期，根据负荷因素的基本特征，为了尽快进入运动状态，应通过增加负荷量使机体逐步适应负荷的方法来进行训练；在棒垒球运动的专项技能训练阶段，则应主要以提高负荷强度的方法来刺激机体；另一方面，针对不同阶段的运动员的棒垒球运动技术的提高，以及同一阶段的运动员的不同技术细节或身体素质的强化，应有针对性地采取不同的训练负荷和方法。

（四）机体适应原理

人体具有一定的适应能力，具体表现在人的机体有适应外界环境的能力，当个体长期从事体育活动时，其身体为了适应活动需要，经常参加工作的肌肉体积会加大、力量增强，同时有机体还会产生心肌变厚，脉搏减少，肺活量增大，血压降低等生理现象。

从生理学的角度来看，在棒垒球体能训练过程中，运动员机体对训练内容的适应主要如下。

（1）运动训练初期的刺激阶段。一般来说，在棒垒球体能训练初期，运动员的运动水平较低，身体素质一般，因此需要接受来自各方面的机体（包括生理和心理）刺激，机体在这一阶段会表现出各种不适应。

（2）运动训练过程中的应答反应阶段。在经过一段时间的棒垒球体能训练后，在和前一阶段相同运动负荷的刺激下，运动员机体内部各器官和运动系统的功能产生兴奋，并将兴奋传输到机体各个器官中，最后使整个机体都进入运动状态，机体对外界运动负荷的适应性有所提高。

（3）运动训练过程中的暂时适应阶段。随着棒垒球体能训练的深入，运动员的各生理器官和系统持续接受运动负荷的重复刺激，并持续对这种刺激作出反应，坚持一段时间后，棒垒球运动员的身体机能就会进入良好的工作状态，在运动过程中的各项生理指标表现出稳定的状态，在运动过程中，运动员已经完全适应了当前的运动刺激。

（4）运动训练中的长久适应阶段。在这一阶段，运动员的棒垒球运动素质和技术水平不断提高，原因在于，在全面增加和系统重复各种外部运动刺激的基础上，运动员身体各相应的机能系统和组织器官产生较为明显的改造，包括身体结构和机能两个方面的改造，发生变化后的运动器官和身体机能得以完善与协调。

(5)运动训练中的适应衰竭阶段。适应衰竭主要是由于运动员在棒垒球体能训练中不合理安排运动负荷造成的，如一些运动员急于求成，为了快速实现训练效果而不合理地加大运动量，而机体的适应能力是有条件的，外界刺激物(运动负荷)的强度超过了机体所能承受的限度，过度训练会使机体某些机能衰竭，严重者还会引起生理衰竭，即死亡。因此，为了逐步、有序加强训练，应将机体适应原理和运动负荷原理结合起来。

(五)运动技能建立原理

运动技能又称“动作技能”，指人体按一定技术要求完成动作的能力，或指掌握得足够好的运动本领。运动技能的形或有泛化、分化和自动化三个过程。从生理学的观点来说，运动技能是运动反射的新形式，它是根据条件反射的机制建成的。在形成运动技能时，产生和巩固着条件反射的体系。生理学家巴甫洛夫把这些条件反射体系称为动力定型。动力定型的不断改进和完善是形成运动技能的基础，如果运动员在训练初期具有良好的动力定型，那么在之后的训练过程中，运动员往往就能顺利地完成运动技能。

在棒垒球运动员的培养过程中，棒垒球运动员所建立的运动技能之间也存在着相互联系、相互促进、相互影响的关系。在棒垒球体能训练中，运动员需要不断地重复棒垒球技术动作，使得形成这些动作的条件反射可以在大脑皮层的优势兴奋区以外，即大脑皮层的降低兴奋区域内进行，使与条件反射有联系的动作可以不在意识的控制下自动进行，达到自动化地步。动作的自动化有助于运动员节省更多的时间和精力将意志集中到意志用力上去，这是运动员提高棒垒球运动技能的重要基础。

棒垒球体能训练实践表明，把改进具体棒垒球技能和全面训练很好地结合起来，有助于运动员运动技能的进一步提高。

在棒垒球体能训练过程中，为了顺利进行训练，必须重视获得和全面训练相结合的动作自动化，但并不是所有的全面训练都是有益的。只有训练手段对运动员掌握基本棒垒球运动技能起积极作用时，训练才能真正促进其运动成绩的提高。

（六）良好竞技状态原理

竞技状态是人体机能能力在比赛之前及比赛过程中的一种状态反应，包括生理机能和神经心理两方面的因素，良好的竞技状态指的是有机体的活动在中枢神经系统的主导作用下达到了最完善的程度。良好的竞技状态表明运动员已具备了良好的体力及心理，其运动训练水平能保证其顺利参加比赛。判断良好竞技状态的指标主要有以下两个。

（1）观察运动员是否能迅速地进入工作状态，具有高度的工作能力，负荷后能迅速地恢复原来状态。

（2）运动员在训练过程中是否感到疲劳，是否愿意进行训练和比赛，迫切想要在比赛中发挥自己的能力。一个具有良好的“竞技状态”的运动员往往感觉到精力充沛、身体健康、渴望训练和比赛、对提高运动成绩充满信心。虽然运动员的主观感觉不一定完全可靠，但是具有很大的参考价值。

良好竞技状态是人体生理能力和中枢神经系统状态的综合反应。运动员良好竞技状态的获得取决于以下因素：运动训练中运动员机体各器官和系统发生的变化；中枢神经系统的工作能力；赛前训练的安排、作息制度等赛前准备工作；比赛的级别、性质、竞赛安排等。

对于棒垒球运动员来讲，良好的竞技状态是其创造优异运动成绩的重要基础，因此，在运动训练中，教练员应注意对影响运动员良好竞技状态的因素的控制，合理安排运动训练，为运动员获得良好的竞技状态创造良好的条件。

关于运动员的良好竞技状态，一些教练员在认识上存在一定的误区，如我国的一些教练员认为运动员的“竞技状态”最多只能保持30～40天，这种看法是不正确的。运动员良好“竞技状态”的出现，是在棒垒球体能训练的影响下，有机体的各器官和系统之间的活动取得协调一致的结果，良好竞技状态保持过程中，运动员的中枢神经系统起着主导作用。由于各器官和系统之间的活动协调一致，使得运动员的有机体能够很快地适应变化着的外界环境。由于运动训练是可控制的过程，因此，运动员保持良好的棒垒球运动竞技状态的时间是可控的。

二、棒垒球体能训练的原则

（一）系统性原则

棒垒球体能训练的系统性原则是从开始训练到训练结束的整个过程中，棒垒球运动员都要按照体能发展的内在规律进行，并以此为前提进行完整、系统的棒垒球体能训练。

在棒垒球体能训练中，系统性原则要求对整个训练的过程进行系统规划，具体来说，教练员要对棒垒球体能训练的内容、手段、负荷以及各部分训练内容所占的比重等做出系统的安排。

（二）全面性原则

全面性原则是指在棒垒球体能训练中，棒垒球运动员在发展专项运动技能的前提下，对各项素质进行全面的安排和发展，通过发展和提高一般身体素质进而提高棒垒球运动水平。棒垒球体能训练的全面性原则的依据主要表现在以下几个方面。

（1）只有全面发展的运动素质和全面提高的身体机能能力，才能为获得高水平棒垒球专项运动技术水平奠定基础。

（2）生物学研究表明，人体各器官系统之间是相互依赖的，任何运动项目的训练过程中，人体产生的各种变化都是相互依存的，运动员各项运动素质的全面发展有助于其不同运动素质之间的良性迁移，从而有利于运动员的棒垒球运动技术与战术技能所要求的机能能力的全面发展。

(3)只有在一定条件基础上，才能使运动素质和运动技能发生转移，专项运动素质和技能的形成需要有一般运动素质作为基础。也就是说，只有运动员的各项素质得到全面的发展，才能为棒垒球运动专项技能的学习创造条件。

(三)适应性原则

运动员体能的提高是在运动训练造成的有机体与施加负荷的外环境不断取得平衡的过程中产生的。研究表明，个体的训练刺激是由一定的刺激强度和刺激量所构成的。有刺激就会有适应，但只有当刺激达到与个人竞技能力相应的强度和起码数量时，才能出现身体素质不断提高的适应过程。负荷量和强度越是接近个人竞技与负荷能力的最佳值，适应过程完成就越快，运动训练效果越好。

因此，在棒垒球体能训练过程中，应对运动员的身体素质进行定期的测量与评定，以掌握其身体的各种信息变化，以便及时调整刺激量和强度的指标，并及时修正其训练计划。

(四)持续性原则

在棒垒球体能训练过程中，遵循持续性原则具有非常重要的作用，机体对外界环境具有很强的适应性，因此如果负荷减少太多或安全中断，则训练所产生的适应就会消退；大量减少或中断训练，会破坏运动成绩的持续提高。

实践证实，在棒垒球体能训练中，运动员的运动成绩都是通过系统的、不间断的多年训练而获得的，棒垒球运动技术只有通过多次重复练习才能逐渐掌握、熟练和巩固，身体素质也只有通过多次重复练习才能逐步发展，运动成绩也只有通过多次重复练习才能不断提高。

由此可见，棒垒球体能训练应当在全过程多年训练中长期进行，即使是在休整期也不能间断。

（五）周期性原则

棒垒球体能训练通常是以各年度训练为基本周期的，年度训练分三个训练时期，各训练时期又以周分为更小的循环周期。

就棒垒球运动年度训练来说，在整个训练阶段，训练经过周期循环不断进行，在此过程中，棒垒球运动员的思想水平、身体素质、技术水平、战术和理论知识等方面都逐步得到提高。

需要注意的是，棒垒球运动周期性训练应和持续性训练结合进行，只有坚持多年系统的持续性周期性训练，才能不断提高运动员的棒垒球运动技能和比赛成绩。

（六）积极自觉性原则

棒垒球运动的训练过程中，应注重运动员的积极性和自觉性，使其自觉主动地投入到运动训练之中，从而起到事半功倍的效果。在训练过程中，只有建立明确的目标，才能够更好地促进运动员的积极性和自觉性的提高。在训练中，引导运动员积极、主动投入到运动训练中来的方法有很多，具体内容如下。

1. 加强训练目的与价值观教育

在棒垒球体能训练过程中，为了激发运动员更好地投入到运动训练实践中去，应注重教育学和心理学手段的运用。应使得运动员树立起正确的行为动机和态度。具体而言，可在运动训练中将优秀的运动成绩与个人、家庭、国家之间的关系联系起来，激发运动员训练的积极性，发掘其顽强拼搏的精神，使其建立起积极向上的价值观念。

2. 激发运动员参与训练和比赛的兴趣

在棒垒球体能训练过程中，应注重对不同类型的运动员的心理特征的把握，以更好地激发其参与运动训练和运动比赛的积极性，这对于提高棒垒球体能训练的效果具有积极的作用。对于青少年运动员来说，其性格活泼好动，因此，在棒垒球体能训练过程中，应注重增加一些趣味性和游戏性的训练形式，从而使其获得心理上的满足。

3．充分发挥运动员的主体作用

在棒垒球体能训练过程中，教练员或是教师应使得运动员全面了解运动训练的基本任务、要求和安排，使得运动员的主体作用得到应有的发挥。在训练过程中，运动员充分发挥自身的创造性和自主性能够使其更好地掌握相应的动作技术，并在实践过程中做到灵活应变。

4．充分发挥教练员和教师的榜样作用

“以身作则”能够起到良好的示范作用，榜样的力量是巨大的。在运动训练过程中，教师或教练员应以自身的知识和能力为表率，与运动员之间建立良好的互动关系，带动运动员获得更好的发展。

（七）区别对待原则

区别对待原则是棒垒球体能训练的重要原则之一，具体是指在棒垒球体能训练中应根据运动员的年龄、性别、身体素质、训练水平、文化程度、个性心理特征等科学地确定训练任务、训练内容、训练方法和运动负荷。

教练员应该认识到，运动员之间存在着许多差异，不同运动员各个方面的条件有所不同，且在训练中各人的起点不同，如有的开始进展很快，但后来反而慢下来；有的某些运动素质好；有的能适应大负荷量的训练。随着训练的进行，其发展程度也不同，如有的运动员在训练初期进展不大，但到了某一阶段可能突飞猛进。因此，应针对运动员的个人特点合理安排训练，重视不同运动员在棒垒球体能训练中的各种区别性因素。

(八)负荷控制原则

对棒垒球体能训练负荷的科学控制应结合具体的棒垒球体能训练任务、训练对象而逐步地有节奏地进行。

为了提高棒垒球运动成绩,运动员在训练中必须多次重复练习,逐渐提高训练要求和不断增加负荷,以至把运动负荷提高到所能承受的最大限度,才能创造个人新的纪录。这是因为,只有极限负荷的刺激,才能充分挖掘运动员机体的机能潜力,使其达到参加激烈比赛、创造优异运动成绩的要求。具体要求如下。

(1)运动负荷循序渐进。在长期的训练过程中,逐步增加运动负荷可促进棒垒球运动员的体能和竞技能力的不断提高。如果训练的负荷总量总是一成不变,运动员可轻松完成而无疲劳感,则训练效果便会越来越小,其身体素质和竞技能力也就很难得到提高。但需要注意的是,在训练过程中,运动负荷的加大并非越大越好,也不是始终都大,而是要从不同时期的训练任务和不同运动员的训练水平出发,以运动员身体健康状况和机能能力提高程度为依据,逐步地增加,有节奏地安排。在棒垒球体能训练中,有节奏地波浪式增加运动负荷的方法是比较科学的,在训练中运动负荷的增加可按照“适应—加大—调整—再适应—再加大”的规律进行。完成不断的刺激与适应过程,通过超量恢复,逐渐提高运动员体能水平。

(2)负荷结构定向化。负荷结构是指不同负荷因素的搭配组合。负荷结构的定向化是针对训练者的训练目的采用不同的负荷结构,因而选择负荷结构的方向很重要。例如,增强力量和力量耐力,要选择数量大,刺激强度小到中等的负荷;增强力量和爆发力,要选择数量小,刺激强度大到最大的负荷。训练目的不同,负荷结构则不同。

(3)负荷突出棒垒球专项特点。不同运动项目训练对训练负荷的要求不同,在棒垒球体能训练过程中,要对练习的远度、高度、距离、时间和次数都要提出适当要求，突出运动项目的专项特点。

(九)从实际出发原则

棒垒球体能训练从实际出发原则包括以下两个方面的具体内容。

首先，棒垒球体能训练应从训练对象的个人特点、比赛要求、训练条件等实际情况出发安排训练，训练要因人、因项、因时而异。

其次，棒垒球体能训练内容和过程的安排要符合具体运动训练的实际条件，训练应充分考虑场地设施条件。

三、棒垒球体能训练的方法

(一)重复训练法

所谓重复训练法，指的是在不改变动作结构和运动量，在相对固定的条件下，对某种动作采用同一运动负荷和相同的间歇时间进行多次练习，以达到促进运动负荷增加和使技能得到巩固的目的。在训练过程中，重复训练法主要是通过同一动作或同组动作的多次重复，不断强化运动员的运动条件反射的过程。关于重复训练法，可以根据不同的分类标准将其分为以下两大类。

(1)按练习时间长短，重复训练方法可分为短时间(不足30秒)重复训练方法(主要用于训练各种基本技术、高难技术的组合练习，以及有关速度素质和力量素质的发展)、中时间(0.5～2分钟)重复训练方法(主要用于整套技术动作的练习)和长时间(2～5分钟)重复训练方法。

(2)按训练间歇方式，重复训练法可以分为连续重复训练法和间歇训练法。重复次数不同，对身体的作用不同，对巩固机能的作用也不同。

棒垒球体能训练实践证实，重复训练法有利于运动员掌握和巩固技术动作，使机体产生较高的适应机制，有利于发展和提高棒垒球运动员的技术水平和机体机能。

（二）循环训练法

循环训练法要求运动员根据棒垒球体能训练的具体任务，把预先设计的多项活动内容设计成若干个站，在训练过程中按照一定顺序一站一站地进行练习，运用循环练习的方式周而复始循环往复地进行练习。一般的，开始时先练一个循环，过2～3周再增加一个循环，逐渐增加到3～4个循环，但最多不得超过5个循环。一次循环中应包括大约6～14个不同的练习，每个练习间歇为45～60秒钟，每个循环间歇大约为2～3分钟。该方法对刚刚参与棒垒球体能训练的运动员较为适用。概括来讲，循环训练法的作用主要表现在以下三个方面。

（1）循环训练法有利于增强运动员的肌力、增强心肺机能、发展身体素质。

（2）循环训练法可消除枯燥感，机体肌肉的局部负担不重，不易疲劳，能调动运动员的积极性。

（3）循环训练法可因人而异地区别对待和解决负荷量问题，避免运动员过度紧张状况的出现。

科学实施棒垒球运动的循环训练方法，要求对运动员进行的训练应突出重点，因人而异地确定循环训练的负荷，如在比赛之前的训练要以战术训练为主，基本技术动作训练为辅。而由于不同的人身体素质也存在较大差异，在安排素质训练时，要因人而异，同时还要避免因局部疲劳积累而产生损伤。此外，在训练过程中应根据阶段训练任务的变更及时进行调整或变换。

(三)比赛训练法

比赛训练法是指组织竞争性的、有胜负结果的、以最大强度完成练习的训练方法。它包括教学比赛、检查性比赛、适应性比赛等。比赛训练法对于提高运动员棒垒球运动能力的意义主要体现在以下两个方面。

首先,比赛训练法能结合实战提高运动员的技术、战术、身体训练水平和心理素质。

其次,比赛训练法能调动棒垒球运动员训练和比赛的自觉性与积极性,它可以激发棒垒球运动员的斗志,促进运动员积极向上、克服困难,从而创造优异的运动比赛成绩。

(四)模拟训练法

模拟训练是用一种模型去模拟另一系统,并借助模型,通过训练实践进行方案比较的一种“逐次逼近”最佳化的训练方法。在棒垒球运动的训练过程中,模拟训练法主要适用于赛前训练。

(五)心理训练法

运用心理学的手段来提高运动员参与棒垒球运动的心理素质和运动成绩的训练方法叫做心理训练法。心理训练法主要包括想象、表象、放松、语言暗示和生物反馈等具体的训练方法。

心理训练与传统的身体训练、技术训练、战术训练和人格修炼相结合,构成了棒垒球体能训练的完整体系。

(六)综合训练法

综合训练法是指把重复训练、循环训练、变换训练等各种训练法结合起来运用的一种综合性训练方法。在棒垒球体能训练实践中,各种训练方法并不是单一存在和使用的,因此,综合训练法的应用比较普遍。

综合训练法可以对棒垒球运动员的训练负荷与休息进行灵活调节,并使其能够更好地达到训练的要求,从而使运动员的运动素质得到有效发展,进一步提高其棒垒球运动技术水平。

随着现代科学技术的进步,棒垒球运动的训练方法不断推陈出新、日新月异。目前,借助新的科学理论(如系统论、控制论、信息论等),运用新的模式的训练方法被不断提出,并在棒垒球体能训练实践中得到了充分应用。

第五节　棒垒球运动员体能训练的教育学基础

棒垒球运动员体能训练也需要了解一定的教育学知识,尤其是有关棒垒球运动教学的基本内容。本节主要阐述棒垒球运动教学的基本理论,为棒垒球运动员的体能训练奠定教育学基础。

一、棒垒球运动教学的任务

(一)棒垒球运动教学任务的制定

1. 棒垒球教学任务制定的依据

(1)以学生的发育规律为依据

从目前我国棒垒球运动的教学现状来看,学生的人体发育规律对棒垒球运动教学有着非常重要的影响。学生的发育有几个敏感期,这些敏感期对棒垒球运动素质的培养有着非常重要的作用,抓住这几个敏感期进行棒垒球运动教学可以达到事半功倍的效果。根据近几年的调查研究发现,按照我国国民的个体发育规律,各项素质发展的最高峰的年龄主要集中在学生时期,特别是大学时期。棒垒球教学可以充分满足学生的身心发展需求。在棒垒球运动教学过程中，要制定更加系统、合理、科学的棒垒球运动教学计划，此阶段的教学最有可能会让学生受益终身，这也是棒垒球运动教学的根本目标。

(2)以学生参与棒垒球运动的兴趣与能力为依据

棒垒球运动教学要想取得最佳的教学效果，就必须要吸引学生的关注，提高学生参与棒垒球运动的兴趣。要想提高学生的学习兴趣，就要根据学生生理、心理和智力特点，将棒垒球运动的趣味性、目的性、对抗性等相结合，使学生由浅入深、由易到难地逐渐掌握棒垒球运动知识，从而获得参与棒垒球运动的基本能力。而且教师还要注重培养学生对棒垒球运动的兴趣，帮助学生提高欣赏棒垒球运动以及参与运动的能力，使棒垒球运动成为学生终身的爱好。

(3)以促进学生综合素质的全面发展目标为依据

棒垒球运动不仅仅只是提高学生的运动技能，还可以全面发展学生的综合素质。具体表现在以下几点。

在培养德育方面，棒垒球运动要求学生克服内在和外在的双重障碍，培养学生坚定的意志和顽强的毅力。无论遇到怎样的困难都要遵循道德规范和准则，努力实现自己的目标。

在智育方面，棒垒球运动要求学生具有高速判断、分析、思维、想象的能力，让学生的智力得到良好的开发。

在美育方面，棒垒球运动本身就是健康美的代名词，无时无刻不在培养学生对美的感受能力、鉴赏能力、表现能力以及创造能力。因此，在制定棒垒球运动教学任务时要考虑选择合理的教学内容，使学生的德、智、美的综合素质全面得到发展。

2. 棒垒球运动教学任务制定的程序

(1)了解教学对象

学生的学习需要是指学习者学习成绩、学习态度等的现状与棒垒球运动教学任务之间的差距。分析和了解教学对象的能力与条件主要包括学生在体能、运动技能、棒垒球知识等方面已经具备的能力与条件。在对学生的学习需要与能力条件认真分析和进一步了解的基础上,制定出合理有效的棒垒球运动教学任务。

(2)分析教学内容

在对棒垒球运动教学任务进行制定时,要对棒垒球教学内容的特点与功能进行认真分析,这是因为具体的棒垒球运动教学任务的设定总是与具体的教学内容紧密相连,不同的棒垒球教学内容具有不同的特点与功能,没有无目标与任务的棒垒球教学内容,也没有无教学内容的棒垒球运动教学任务。

(3)编制教学任务

指导棒垒球运动教学活动设计、实施和评价的基本依据是棒垒球运动的教学任务。棒垒球运动教学任务具有指引、导向、操作、调控与测评棒垒球运动教学活动的作用。棒垒球运动教学中,通常在单元教学计划或课时教学计划中分别陈述棒垒球运动教学的任务。

(二)棒垒球运动教学的具体任务

1. 增强学生的身体素质

良好的身体素质是个体从事体育运动必要的基础。棒垒球运动要求学生必须具备较多的运动技能,因此,通过棒垒球运动的教学,不仅能够促进学生身体正常发育,全面提高其身体素质,增强其体质,而且还能使学生的身心都得到很好的发展。学生要想很好地学习和掌握棒垒球技术和战术,增强自身的运动能力,就必须打好身体素质这一基础。

2. 提高学生的棒垒球运动知识与技能

棒垒球运动的教学内容主要包括棒垒球理论、棒垒球技术和棒垒球战术三方面的内容。因此,通过棒垒球运动教学要使学生能很好地掌握棒垒球运动的基础知识以及棒垒球技术和战术知识，提高学生的运动技能。其中，棒垒球运动的理论知识是掌握技术和战术的依据，而棒垒球运动技术则是棒垒球战术的基础。棒垒球运动教学三个方面的内容之间的关系相互作用、相互统一，它们是一个不可分割的整体，在教学过程中都要应该受到重视。

3. 激发学生的创新意识和能力

培养学生的创新意识和创造能力是棒垒球教学过程中非常重要的教学任务之一。棒垒球运动属于创造性活动，在运用棒垒球运动的技战术时，学生的运动能力具有明显的复杂性、多变性及灵活性。因此，棒垒球运动教学必须具有促进学生创新能力的作用。

4. 培养学生的集体精神和意志品质

棒垒球运动都属于集体型对抗性项目，首先，通过棒垒球运动教学和竞赛能够较好地培养学生坚强的意志品质，使学生形成自己的世界观、人生观以及价值观。其次，棒垒球运动课程教学是一个教育过程，也就是说，棒垒球运动的教学过程是一个能够较好地完成人才的培养的教育过程。因此，在棒垒球运动的教学过程中，要重视对学生集体主义精神和勇敢拼搏的良好的意志品质的培养。

二、棒垒球运动教学的原则

教学原则是教学规律的总结和概括，是从事教学活动必须遵循的准则。棒垒球运动教学既要遵循一般的教学原则，又要遵循棒垒球运动教学所特有的教学原则即专项教学原则。

（一）一般教学原则

1. 直观性原则

直观性原则是指利用学生的感官和已有的经验，通过视觉、听觉和肌肉本体感觉，获得对棒垒球运动技术与战术的生动表象和感觉，并使之与积极的思维相结合，从而掌握棒垒球运动的技术、战术和技能，发展思维能力。由于感觉是认识的基础。所以在棒垒球运动教学中正确运用直观性原则，对于提高教学效果有重要的意义。

棒垒球运动教学中经常使用的直观教学方式有动作示范、沙盘演示、录像、电影、技战术图片等。在棒垒球运动教学中贯彻直观性原则，需要做到以下几点。

(1)首先要有明确的目的和要求。体育教师要根据教材的特点、教学的任务和学生的情况，有目的地使用直观教学方法。例如，对低年级学生进行技术教学时，宜多使用动作示范、技术图片等。可以把学生的动作录像重放，与正确技术进行比较，以此纠正学生的错误动作。对高年级学生进行战术教学时，宜用沙盘演示，或用形象生动的语言进行讲解。

(2)充分利用学生的视觉、听觉和肌肉本体感觉，通过示范、电影、录像、图片等，使学生产生明晰的技术战术表象，激发学生的学习积极性。

(3)直观教学有助于正确表象有在学生头脑中的快速形成，如果想利用这种表象得到良好的教学效果，就必须紧密结合思维和实践。因此，教师要善于运用直观性教学来积极启发学生的思维，遵循直观性原则还要注意与棒垒球运动技战术的练习活动相结合。

2. 对抗性原则

棒垒球运动的技术对抗性和开放性的特点决定了在棒垒球教学中必须把实战对抗能力放在十分重要的地位。在棒垒球运动中，进攻与防守的对抗贯穿始终，攻守对抗和攻守转化构成了棒垒球运动的核心。在教学中贯彻对抗性原则是很重要的，没有攻守对抗就没有激烈的竞争场面，攻守对抗的发展是推动棒垒球运动向着快速、激烈的方向发展的主要动力。没有攻守的直接对抗和相互制约，也就没有棒垒球运动。遵循对抗性原则，有以下几个方面需要注意。

（1）深入研究攻守对抗和转化的规律，这对棒垒球运动教学有着重要的指导意义。攻防本身就是相互制约、相互发展的，没有进攻也就无所谓防守，没有防守也就无所谓进攻，两者是一个辩证统一的整体。

（2）在对棒垒球运动的教学进度与计划进行编制时，有关棒垒球进攻的教学内容和棒垒球防守的教学内容之间的关系要进行恰当的处理；在对棒垒球教学方法进行设计时，在学生对单项技术有了基本的掌握后，尽量采取综合化的练习方法，以进攻来对防守进行制约，不断提高防守技术，或以防守技术来对进攻技术进行制约，不断提高进攻技术。

（3）真正实用的技术是在攻守对抗中掌握的技术。有意识地提高攻守对抗强度，是提高棒垒球运动教学质量的重要方法。

3. 渐进性原则

渐进性原则是指棒垒球运动教学的进行要以学科的逻辑系统和学生的认知规律为基本依据，从单一到综合，从低级向高级逐步发展，使学生能够对棒垒球运动的基本知识、基本技战术和基本技能有一个循序渐进的掌握，形成严密的逻辑思维体系。棒垒球运动知识技能的学习是一个渐进的过程，技术技能的掌握要由浅入深地进行。棒垒球教学中贯彻循序渐进原则，需要注意以下两个方面。

（1）安排教学内容要有系统性。要根据教学大纲、教材内容系统进行教学，科学合理地安排运动负荷，在进行棒垒球的知识技能教学时，一定要由浅入深地进行，以取得更好的教学效果。

（2）要根据棒垒球动作技能形成的规律安排教学内容和教

学方法，注意动作技能形成的生理机制和心理机制。从认知定向阶段、巩固提高阶段到熟练程度阶段，都要按照技能形成的阶段性特点及其规律来组织棒垒球运动教学活动。从不同动作的视觉表象和相应的动觉表象相结合到主要依靠动觉表象控制和调整动作的过程，是动作技能形成的不断深化和完善的过程。因此，要注意棒垒球运动教学的环节和层次，注意学生的认知特点，并通过示范、讲解和练习，使学生体会和掌握动作要领，形成正确的动作技能。还要注意促进动作技能的迁移，防止动作技能的干扰，使动作技能得到进一步巩固与提高。

4. 自觉性原则

在棒垒球运动的教学过程中，提高教学质量的根本条件既不是单纯地发挥教师的主导作用，也不是单纯地调动学生学习的自觉积极性，而是将二者充分结合。自觉积极性原则的贯彻需要做到以下几点。

(1)教师充分发挥主导作用。教师充分发挥主导作用的基础条件是深入了解和熟悉学生。这就要求教师必须对学生的特点与概况、需要与特长有一定的了解和熟悉。在棒垒球运动的教学过程中，师生关系中的主导者是体育教师，体育教师要积极主动地熟悉和关心学生，只有这样才能充分调动学生学习棒垒球运动的积极性。

教师只有发挥自身的主导作用，才能有效提高学生的积极参与性。在棒垒球运动教学过程中，教师的主导作用主要表现在以下两方面。

第一，教师运用指导法、讲解法、组织教学法等引导学生的注意力集中到棒垒球运动教学内容上。

第二，教师积极主动地为学生提供一个良好的外部条件，使外因顺利地向内因转化，从而将学生的自觉积极性充分调动起来。

(2)培养学生自学、自练、自评的能力以及学习的内在动力。

学生自学、自练、自评的能力是其参与棒垒球运动锻炼、养成棒垒球运动终身意识的重要基础。教师应为学生自学、自练、自评能力的培养与发展创设一个良好的外部环境，让学生获得主动的学习和锻炼。

学生积极参与棒垒球学习与锻炼的内在驱动力就是棒垒球学习的内在动力。教师应采取有效措施来促进教学的艺术性和启发性不断提高，从而促进学生学习动机和兴趣的培养。学生积极提高自身的学习动机有利于发挥自身的主体作用。

(3)建立和谐的师生关系。棒垒球运动的教学过程中，教师在传授知识的同时还要对学生严格要求，并对学生做到热情的关心与充分的信任，这样才能促进师生关系的和谐。和谐的师生关系有利于提高学生参与棒垒球运动的自觉性。

5. 因材施教原则

棒垒球运动的教学过程中，体育教师“教”的对象是全体学生，教师对全体学生提出统一的教学要求。但是教师也要注意每个学生的身体素质与能力水平是有差异的，因此要重视针对个别学生的“教”，也就是要贯彻因材施教的原则，具体要从以下几方面加以注意。

(1)坚持从客观实际出发。教师因材施教的前提条件是对学生的身体素质与个体差异进行全面了解。教师全面了解学生的主要途径是调查研究，调查的主要内容是学生对棒垒球运动的兴趣与爱好、身体素质等基本情况。只有了解学生的这些情况，认识到学生之间的差异，才能更好地贯彻因材施教原则。

学校的客观条件是棒垒球运动教学中贯彻因材施教原则需要考虑的因素。其中，对棒垒球运动教学产生影响的因素有季节、地区、场地器材设备条件等。在制定棒垒球运动的教学目标时，教师需要综合考虑教材、学生特点、组织教法以及上述各方面的客观条件，从而更好地贯彻因材施教原则。

(2)从整体上把握。在棒垒球运动教学中，教师努力的目标是使全体学生的棒垒球运动技能得到提高与发展。制定棒垒球运动教学计划、教学目标和要求应符合大多数学生的实际能力。同时，教师还要兼顾身体素质较好、棒垒球运动技能较高和素质较差的两类学生。努力为第一类学生创造更好的条件，鼓励他们积极参加课余棒垒球运动训练，努力提高专项成绩。与此同时，要热情、耐心地帮助素质差的学生，使他们在原有的基础上逐步提高棒垒球运动技战术水平，完成棒垒球运动教学的要求。

6. 巩固提高原则

在棒垒球运动教学中加强师生交流，可以使学生经常复习所学的棒垒球运动的相关知识、技术和技能，并且不断地提高健康水平、棒垒球运动技术能力和思想品质。而且通过交流，也可以及时反馈学生的学习效果，让教师能有效地调节、控制教学过程，提高棒垒球运动教学效果。根据遗忘规律和运动条件反射建立与消退的理论可知，学生学到的知识与技能在一段时间内如不经常复习就会遗忘或消退。另外根据“用进废退”原理，学生对所学习的棒垒球运动技能进行反复练习时，有助于发展运动能力、身体素质和生理机能，起到强身健体的作用。因此，要注意巩固提高所学到的棒垒球运动知识和运动技能。遵循巩固提高原则需要做到以下几点。

（1）利用讲解、示范、练习、提问、评价等方式，保证师生间及时传递信息。根据信息有效性的原则，信息传递得越及时，损耗越小；信息的准确度越高，所产生的教学效果越好。也可以通过提问、考查、竞赛等方式，巩固提高棒垒球运动知识、技术和技能。

（2）增加运动密度和动作重复的次数，反复强化，不断巩固运动条件反射，提高技术水平、身体素质和体育能力。

（3）教师要给学生布置适量的课外棒垒球运动作业或家庭棒垒球运动作业，将课内课外结合起来，达到巩固提高的目的。

（4）不断提出新的学习目标，培养学生进行棒垒球运动的兴趣和进取动机。

7. 身体全面发展原则

在棒垒球运动的教学过程中，促进学生全面协调发展的基础是选择和安排全面多样的教材内容，指导学生进行全面的身体锻炼。只有这样，学生身体的各个部位才可以得到全方位的发展。身体全面发展原则的贯彻要做到以下几点。

(1)对棒垒球运动教学大纲提出的教学目标和教学要求加以综合贯彻。在棒垒球运动教学过程中，棒垒球教学大纲所提出的要求与目标学生要自觉遵循。为了更好地制定棒垒球运动的教学计划，保证学生的身体素质能够得到全面发展，体育教师要注意合理搭配棒垒球运动教材。

(2)在棒垒球运动的课堂教学过程中应始终贯彻身体全面发展的原则。一节棒垒球运动课的理想教学如下。

首先，在棒垒球课的准备部分，要加强学生全身各部位肌肉、关节、韧带的活动，让学生充分伸展各个肢体，为完成棒垒球运动课的目标奠定基础。

其次，在棒垒球课的基本部分，要加强学生上肢与下肢的练习，全面并协调地发展学生的身体。

最后，在棒垒球课的结束部分，指导学生通过一些列活动来放松，并给学生布置课外棒垒球作业。

8. 多样综合性原则

棒垒球运动具有项目集体性、比赛对抗性、技能综合性和战术多变性等，这就决定了棒垒球运动教学要遵循多样性与综合性原则。因此，在棒垒球运动教学和训练中，都应贯彻多样性和综合性的原则，同时，还应注意以下几点。

(1)要保证教学方法和组织形式的多样化，如在棒球的跑垒技术教学中，根据教材内容的特点和学生的实际以及教学条件，一垒跑垒员跑垒、二垒跑垒员跑垒、三垒跑垒员跑垒等都可采用不同的教学方法和组织形式，既可增添棒垒球运动教学的活力，又可以提高学生学习的兴趣,同时还能让学生更多地掌握锻炼方法,提高学生身体素质。

(2)单个技术动作、组合技术和综合技术练习的结合运用。棒垒球运动教学中切忌单打一,单个技术的练习主要是动作的规范化,而组合技术和综合技术练习则是提高运用能力的基础。棒垒球运动的衔接技术及其组合,体现了棒垒球运动综合性的特点。因此,在棒垒球运动教学中,要在掌握单个技术动作的基础上突出综合技能的培养。

(3)在棒垒球运动教学中,技术、战术和意识培养要相结合,身体锻炼和作风培养要相结合。棒垒球运动是一个激烈对抗和竞争的项目,较量的不仅是体力还有智力,这就要求学生要全面地提高竞技水平和生理、心理等的适应能力,奠定全面发展的基础。

(二)专项教学原则

依据棒垒球运动技能的开放性和对抗性理论,深入研究棒垒球运动的特点和棒垒球教学的实践经验,从认知策略的角度可以提出以下特有的教学原则。

1. 专门性知觉优先发展的原则

棒垒球运动以球为工具,同伴、场地、器材等要素构成了特有的运动环境。对环境和器材的感知是专门性知觉发展的过程,其中手指、手腕对球的控制能力对棒垒球运动教学至关重要,教学中通常采用大量的熟悉“球性”的练习来优先发展这种能力,以确保技术动作的学习。因此,专门性知觉优先发展是棒垒球运动所特有的教学原则。

2. 技术个体化和区别对待的原则

规格和规范是指动作的基本结构符合人体运动学特征,达到节省和实效的目的。所以,棒垒球运动教学普遍追求的目标是技术动作的规范性。但是,由于学习者在身体形态、身体素质、行为习惯、智力和棒垒球运动经历等方面存在区别，使得“技术的规范化”的个体表现也存在较大的差别。教学的目的是使初学者通过练习，形成符合自身条件的动作完成方式。因此，棒垒球运动教学要在规范化的基础上遵循技术的个体化原则，允许学生之间存在技术动作上的细微差别。在棒垒球运动教学中也必须根据对象的不同来选择不同的教学方法，照顾好不同能力的对象的学习速度，贯彻区别对待原则。

3. 学习技术动作与实战对抗运用相结合的原则

由于棒垒球运动技术有对抗性和开放性的特点，这就决定了棒垒球运动教学过程必须把实战对抗能力放在重要地位。从认知策略上来说，技术动作的学习与实战运用相结合发展，符合开放性运动技能教学的规律。学生在学习棒垒球运动技能时首先建立起对抗的概念和技术实效的概念，而不是把技术仅视为固定程序的身体操作。从某种意义上来说，在适应中学和从实战中学是棒垒球运动技能形成与发展的普遍规律，因此，棒垒球运动教学必须把技术动作的学习与实战运用的能力培养发展结合起来。

4. 少而精与实效性原则

在棒垒球运动教学中，贯彻少而精与实效性原则就应该抓住棒垒球运动教学中的主要矛盾。组织教法尽量简单易行，不断提高教学的实效性。在教学中应做到以下几点。

首先，抓好棒垒球运动基本功和主要技术的教学，突出教学重点，在使学生掌握好棒垒球运动基本技术的基础上提高运用技术的能力。

其次，以练为主，精讲多练。教师的讲解要简明扼要，尽量让学生多进行实践练习。

最后，设置教学目标，讲求教学效果。教学中要有具体的教学目标，同时重视对教学效果的检查和评估，及时改进教学方法，提高教学质量。

三、棒垒球运动教学的内容

通过棒垒球运动的系统教学,可以使学生对技战术理论知识及基本技能有一个逐渐的认识。棒垒球运动教学内容的选择主要以教学对象的层次和教学目标为依据,具体包括以下三个方面。

(一)理论知识

棒垒球运动理论知识的教学对学生学习棒垒球技能和进行棒垒球活动实践有重要的指导作用。

目前,我国棒垒球运动的发展已经形成了比较完善的理论与知识体系,其包含的具体内容主要有:棒垒球运动技战术分析,棒垒球运动教学训练理论,棒垒球运动竞赛的组织,棒垒球运动竞赛的规则,棒垒球运动竞赛的裁判法等,这些都是棒垒球运动教学最基本的内容,学生通过学习一定要对这些知识进行掌握。

(二)技术动作

技术动作是棒垒球运动技能中最基础的内容。技术规格、动作方法要领和技术的运用等都是棒垒球运动技术动作的主要内容。在进行棒垒球运动技术动作的教学时,教师应注意示范动作的规范性,为学生树立正确的技术动作定型打好基础。

(三)战术配合

战术配合方法是棒垒球运动教学的重要内容,这主要是由于特定的战术布阵是棒垒球运动集体对抗形成的主要形式,在棒垒球运动竞赛中,战术阵势和战术配合是主要特征之一。

棒垒球运动教学实践中,两三人的基础配合和全队配合是棒垒球战术配合教学的主要内容。在教学过程中,一方面,教师应通过合理有效的教学方法使学生对人与球移动的路线、攻击点、运用时机及其变化等内容有正确的了解和认识；另一方面，教师还要注意对学生的战术配合与协作意识的培养，使学生在棒垒球运动比赛实践中能灵活运用战术配合。

四、棒垒球运动教学的方法

（一）讲解法

作为语言法中的一种方法，棒垒球运动教学中常用的讲解法有自陈法、侧重法、概要法、提问法、分段发、联系法和对比法。在棒垒球运动教学中，教师通过运用讲解法，用生动、形象、精练的语言来对棒垒球运动的技术动作和技战术配合进行讲解，使学生对棒垒球运动技战术有一个初步的了解，并在实践的过程中逐步形成棒垒球运动技术和战术的概念。

在运用讲解法时，要求教师讲解要突出重点、层次清晰，尽可能地做到通俗易懂。在棒垒球运动教学中，教师对学生可采用教学口诀来使语言更加精练。在棒垒球运动教学中，教师讲解清晰、准确，可以帮助学生对棒垒球运动技术动作和动作过程留下深刻的印象，并通过结合运动表象，来缩短学生技术动作动力定型形成的时间。

（二）示范法

示范法就是指教师在棒垒球运动教学中以自身的动作作为棒垒球运动技术动作教学的范例，来对学生的训练进行指导的方法。这种方法可以使学生对所学动作的结构、形象、技术要领和完成方法有所了解，从而有助于学生建立正确的动作表象。在棒垒球运动技术教学过程中，教师通过运用正确、优美、轻快的动作向学生进行展示，可以进一步调动学生学习的兴趣。另外，在实际的教学过程中，将示范法与讲解法相结合，可以使学生对棒垒球运动技术动作的结构和特点有清晰的认识和理解，从而建立完整的动作概念。

（三）表象训练法

表象训练法，又称为“意念训练”或“念动训练”，是指教师通过用语词来唤起学生的表象，并通过借助表象来练习棒垒球运动技术动作的方法。运动视觉表象和运动动作表象是运动表象的两种类型，其中，运动视觉表象主要是对客体的运动视觉形象进行反映；而运动动作表象是对学生自身的动觉形象进行反映。另外，对于学生既观看过，又亲自做过的动作形象在头脑中重新呈现出来，称为“视—动联合表象”。根据头脑中所形成的动作表象，学生在练习和比赛中将所学习过的动作一一表现出来。倘若学生不能唤起已学过的动作表象，他再做好该动作是非常不易了。因此，在动作示范做完以后，教师可以根据具体的情况，首先要求学生想象示范的动作，然后再进行模仿练习，以后在新动作示范完后，在学习动作的开始阶段都要想象 2～3 秒钟，使学生形成正确、清晰的运动表象以及再造想象，从而巩固、熟练动作，以达到自动式。表象训练法既可以在学习单个或组合动作的过程中使用，又可以与理解教学法相结合运用于棒垒球运动技术教学中，甚至还可以应用于培养学生的创造能力上。在运动的过程中，教师必须注意讲解与示范的准确和清晰，以保证表象训练的有效性。

（四）游戏教学法

游戏教学法是指在棒垒球运动教学中采用游戏的方式使学生学习和掌握棒垒球运动技术、技能和知识的一种教学方法。与传统的教学方法相比，游戏教学法使棒垒球运动项目的特征得到充分的突出，并且进一步加强了棒垒球运动技战术学习的趣味性，在游戏的过程中，学生学习和体会棒垒球运动技术、技能，从而使得学生的学习兴趣和教学效果得到大大提高。

在棒垒球运动教学中，游戏教学法的特点主要表现为以从易到难的游戏为主线安排内容，而不是像传统教学法那样以单个技术为主线安排内容。游戏教学法中的每一个游戏都完全取消了枯燥的单个技术动作练习，而是安排基本的棒垒球运动技术、战术练习，并在游戏的过程中，通过启发和诱导，来引导学生主动地钻研技术动作和战术配合，在此基础上，教师对学生进行辅导，从而使学生的棒垒球比赛水平逐渐得到提高。

（五）竞赛激励法

争强好胜是学生的特点之一。竞赛激励法是在棒垒球运动教学的过程中，通过利用学生争强好胜的特点，以竞赛的形式培养和鼓励学生积极主动学习的一种教学方法。棒垒球运动教学中，常见的竞赛激励法的形式主要有准确性竞赛、速度竞赛。其中，准确性竞赛，如传球比准、接球比准等；速度竞赛如跑垒比快等。

在教学大纲中，教学竞赛是棒垒球运动教学所规定的内容之一，也是棒垒球运动教学的主要形式。根据棒垒球运动教学大纲的规定，棒垒球运动教学竞赛主要有三种形式，针对已经学过的棒垒球运动技术进行复习提高的教学比赛；在简单规则下结合已经学过的棒垒球运动技术进行教学比赛；运用简单的棒垒球运动战术进行教学比赛。此外，这三种形式还可以根据具体情况和教学要求来组织各种不同形式和要求的半场或全场的教学比赛。

第三章 棒垒球运动员体能训练

在掌握了棒垒球运动体能训练的相关理论之后，就应该对棒垒球运动的一般体能训练和专项体能训练进行了解与学习。本章将主要研究棒垒球运动的一般与专项体能训练的科学手段和方法，并重点分析创新模式在棒垒球运动训练中的应用。

第一节 一般体能训练

一、一般力量素质训练

（一）力量素质概述

关于力量素质，张英波在其《现代体能训练方法》中将其定义为：人体—肌肉系统工作时克服或对抗阻力的能力。肌肉力量是人们完成各种动作的动力来源。如果一个人丧失了肌肉活动的力量，那么他的各种社会活动将会受到极大的限制，其日常生活甚至将无法自理。当人们参与体育运动锻炼时，就会借助机体的肌肉力量进行，而这些特殊的肌肉力量能力是通过运动训练获得的。对所有运动项目来说，力量素质都是最基本的身体素质，它是掌握运动技能、技巧以及提高运动成绩的最重要的基础。外部阻力对于发展人体力量素质具有重要作用，它能够促使人体在克服阻力过程中提高发展自身的力量素质。对棒垒球运动项目来说，力量是最基本的身体素质，它是运动员掌握运动技能技巧并提高运动成绩的重要基础。

（二）一般力量素质训练的基本要求

力量素质发展的基本要求是全面均衡地发展身体各部位的肌肉，同时还应该结合棒垒球运动的专项特点，注意选择肌肉的收缩方式与棒垒球运动专项相一致的练习方式。

1. 要以动力性练习为主

动力性练习是运动员进行力量训练的主要方法。当身体肌肉处于动力性状态下进行练习时，肌肉力量能够得到很大程度的发展。一般认为，静力性练习对于提高最大力量较为有效。但是，现代运动训练学认为，运动员在进行运动训练时，应与其所参与的运动专项相结合，根据运动需求发展力量素质。静力练习可有选择地锻炼身体的某一肌群，这同时也是康复的一种手段，而且不需要复杂的运动器械等辅助工具。

2. 应不断提高刺激强度

根据训练适应的基本原则，一定强度的刺激能够产生一定的生理反应。大强度或者极限强度的刺激，能够让肌肉产生大强度或者极限强度的生理适应。力量训练如果不逐步达到大的或者极限的强度，其训练效果就会相当差。因此，极限负荷和逐步增加刺激强度的原则是运动员进行力量训练应该严格遵循的原则。

3. 遵循力量练习的顺序

在力量素质训练中，由于身体的小肌肉群相对大肌肉群而言更容易疲劳，因此为了保证大肌肉群的大负荷，一定要在小肌肉群出现疲劳前让大肌肉群得到训练。例如，以负重蹲起的训练方式发展腿部力量，达到相当重量或者次数时，想要重点训练的股四头肌还没有出现疲劳现象，而腰背较小的肌肉已经不能继续进行训练。因此，运动员进行力量训练时，应该注意采用适当的方式防止这种情况发生，比如先采用其他训练方法使股四头肌产生一定程度的疲劳之后，再进行负重蹲起的训练，从而使股四头肌先达到所需要的疲劳程度，或者与其他肌肉一起达到疲劳，从而得到最大限度的力量训练。另外，还必须考虑在相继的力量练习中不要使同一肌群连续工作，从而使肌肉工作之后有充足的恢复时间。

4. 结合运动的专项特点

棒垒球运动的力量素质训练应该结合专项技术进行，从而更加有效地发展棒垒球运动员的力量素质。不同运动项目力量训练的专项特点各不相同，棒垒球运动员进行力量素质训练时，必须选择与专项技术相适应的动作方法，力求在动作结构、动作速度等方面与专项动作相一致，最大程度将运动员的力量转化为专项力量能力。

5. 准备活动要求

在进行力量素质训练前，要做好准备活动，准备活动可以采用慢跑、伸展体操和轻重量等方式进行，其目的是活动身体，使血液流向需要工作的肌肉群。需要注意的是，在寒冷的天气进行力量素质训练，或者因训练造成的肌肉酸痛还没有恢复时，准备活动应该做得更加充分。另外还要注意寒冷天气训练时头和脚等部位的保暖。

6. 伸展练习

伸展练习是力量素质训练前的准备活动所必需的。这是因为训练前进行伸展练习能够增加关节和肌肉的活动幅度，从而有助于训练效果和防止受伤。另外，在力量素质训练后也需要进行伸展练习。这时的伸展练习能够缓解肌肉紧张、减少酸痛，有助于肌肉和身体各方面疲劳的恢复。伸展练习具有以下几点要求。

（1）伸展活动应该持续保持，直至感觉肌肉轻微紧张。一般来说要保持 10～20 秒，然后放松，然后进一步伸展 10～20 秒。

（2）进行伸展活动时，要保持肌肉放松。

（3）进行伸展活动时，不要进行快速牵拉和震动性练习。

（4）进行伸展活动要以不产生疼痛为准。如果有疼痛出现，那么就应该减小动作幅度，以防肌肉过分紧张。

7. 力量素质训练姿势

力量素质训练的姿势，通常是双脚间距大于肩宽，身体前后应平衡。要求头部和颈部保持正直，转动头部、颈部和躯干，以避免造成脊椎伤害。

8. 呼吸方式

（1）训练过程中不要憋气，因为憋气会阻止血液流向脑部，引起身体的不适，严重时甚至造成休克。

（2）训练中为了防止缺氧，应该鼻口同时呼吸。

（3）在负重力量素质训练中，应该是上举开始时吸气，最用力的时候短暂屏息，练习完成时呼气。

9. 力量训练负荷要适度

在力量训练中，通常情况下，运动负荷量越大，机体所产生的超量恢复水平就越高，力量增长效果也越好。但这需要一个度，否则训练的效果就会适得其反。在进行训练时，要根据自己的实际情况来合理安排运动训练的负荷，切不能急于求成，应该循序渐进地进行训练。切忌盲目模仿优秀运动员的训练手段和方法，制定的训练计划要符合自己的身体实际情况。

（1）负荷强度与负荷量

在体能训练中，负荷强度和负荷量是影响训练效果的重要因素。因此，运动员在力量训练的过程中，要合理安排训练的负荷强度与负荷量，选择适合自身特点的训练负荷的组合方式，以达到理想的训练效果。另外，在训练的过程中，运动员可根据自身的具体训练情况，及时、适当地增加负荷强度和负荷量。

(2)超负荷

超负荷是指力量训练的负荷应不断超过平时的训练负荷，包括负荷量、负荷强度以及训练频率。在力量素质训练中，超负荷训练是基本训练原则之一。超负荷训练的主要目的是给予肌肉以刺激，从而使机体产生相应的生理学适应，从而不断地增加肌肉力量。

10. 力量训练安排要合理

如果常年参加力量训练，训练的强度、负荷量、训练频率等应符合年度训练计划及训练要求。通常来说，在年度训练计划中，准备期的训练强度较低、训练量最大，慢慢的会变为训练强度较大、训练量较少。

11. 力量训练方法要体现特异性

力量训练方法的特异性是指被训练肌肉对不同收缩性质和练习模式的力量训练产生特定反应或适应的生理学现象。它在一定程度上影响力量训练的效果。因此，在力量训练的过程中，应使参与运动的所有肌群得到动员，尽量使肌肉收缩速度、肌肉活动类型、肌肉动作结构、肌肉运动时间和运动专项的力量素质要求相一致。

12. 注意力量训练期间的营养

运动员进行力量素质训练需要一个良好的身体素质，因此，在日常训练中，运动员还要注意自己的营养，要建立和保持一个良好的饮食习惯，这是非常重要的。尤其是在力量素质训练的初期，饮食习惯非常关键。另外，还需要注意不要过多地改变饮食习惯，因为生活方式习惯的改变，常会带来一系列的连锁反应，导致无法完成训练计划，训练效果难以得到保证。

力量素质训练会加快机体内部蛋白质的代谢速度，消耗大量的热量和维生素 B_2，因此，力量素质训练期间，应及时给机体补充充足的优质蛋白质，在训练早期，蛋白质的供应量应在 2 克/每千克体重以上，其中优质蛋白质不低于 1/3，热量百分比应在 18%左右。此外，应注意无机盐、糖和维生素 C 的合理补充，保证神经肌肉系统的正常工作。

13. 注意训练安全

（1）训练时要结伴进行，这样可有助于训练中互相保护，避免发生危险。

（2）做好必要的保护措施，保护器具和安全器材一定要准备齐全。

（3）训练中要保证练习动作和身体姿势正确，这样可以有效避免运动损伤。

（4）进行训练时，应尽量避免采用身体猛烈振动和扭转的练习。

（5）在力量素质训练中，要注意避开旧伤，尤其是没有恢复的伤病进行训练。如果练习过程中感到疼痛，就不要硬着头皮训练，可以适当地改变一些练习的手段和方法。改变练习手段和方法的基本原则是既要发展了伤患部位的力量，避免疼痛，同时又要加快血液循环，促进损伤的痊愈。

14. 注意力量变化

在进行力量素质训练时，要注意肌肉张力的变化。力量的增加会使得肌肉张力增加，这是训练计划实施后积极效果的表现。运动员注意到力量的增加后，往往能提高训练的积极性，也能通过一定的感觉调整和完善训练计划，进而更加有效地提高运动训练的效果和质量。

(三)一般力量素质训练的方法与手段

1. 一般力量素质训练的方法

(1)快速力量训练方法

快速力量又称“速度力量”,是机体的神经肌肉系统以最快的速度发挥出最大力量的能力,也就是机体在最短的时间内发挥出最大力量的能力。在很多运动项目中,快速力量都是决定运动成绩的重要指标。一些学者通过研究证实,当机体发挥快速力量时间小于150毫秒时,爆发力和起动力起作用;当机体发挥快速力量的时间大于150毫秒时,最大力量起作用。要想在多种外部负荷的作用下使动作速度得到提高,就必须使速度与最大力量两方面都获得提升。实践证明,力量素质的提高相对容易,而速度素质的提高则有一定难度。

对于速度力量而言,肌肉收缩速度对其大小具有决定作用。棒垒球运动项目的一些动作就是在快速节奏或者爆发用力的情况下完成的。运动员可通过以下几种常规的训练方法来发展自身的快速力量素质。

①起动力的训练方法

所谓起动力,即为运动者在最短的时间内最快发挥身体下肢的肌肉力量。如果运动者最大力量提高,则其起动力也会得到相应的提高。起动力训练的方法主要有以下几种。

第一,在这种信号跑、加速跑练习中,辅助者施加各种阻力,增强下肢的起动力。

第二,利用各种负重器械进行加速跑、变相跑等,如穿加重背心的起跑加速、系铅腰带的加速跑以及负轻杠铃短跑等。

第三,利用地形地物的各种短跑练习,如上、下坡跳、跑阶梯以及沙地跑等。

第四,发展弹跳反应力的超等长练习法有助于运动员起动力的发展。

②爆发力的训练方法

爆发力，是指神经肌肉系统以最短的时间产生的最大加速度所爆发出的最大的肌肉力量的能力，它可以在 150 毫秒之内达到最大力值。爆发力通常用力的梯度和冲量来表示。爆发力是利用肌肉弹性能的一种力量，即在爆发力之前的一瞬间有一个极短暂的肌肉预拉长瞬间产生弹性能（约为原肌肉长度的 5%），迅速向相反方向用力收缩的动作过程。如田径运动中的掷标枪项目，运动员在助跑投掷前展现出的满弓状就同爆发力有着密切的关系。在众多的以速度力量为主的运动项目中，爆发力对运动成绩都起着至关重要的作用。爆发力训练的方法主要包括超等长训练法和快速用立法，具体内容如下。

A. 超等长训练法

超等长训练法又称“超长训练法”，它是一种将退让练习与克制练习相结合的训练方法。使纯力量转变成爆发力是这种练习的最终目的。在进行超等长练习时，肌肉进行退让工作时，其被拉长至超过自然状态的长度，从而能够产生更加有力的收缩，即为使得爆发力增加。超等长练习的内容、组数以及次数可以根据训练要求与运动员个人的具体情况来选择。其中，跳深练习与各种跳跃练习是这种训练方法发展爆发力的主要训练方法与内容。

B. 快速用力法

快速用力法是一种重要的爆发力力量训练方法，其主要是肌肉以最快的速度收缩，在这一过程中克服一定的器械重量，从而增加其爆发力。通过快速用力法进行训练，能够培养其速度意识，形成较快的条件发射。在进行训练时，一般采用两种训练方式，即为小强度快速用力以及中等强度快速用力，具体内容如下。

小强度快速用力训练法一般采用 30%～60% 的强度，5～10次为一组，共进行 3～6 组练习。在练习过程中，应使得其动作结构与专项运动的动作技术和用力方式接近。

中等强度的快速力量训练用70%～85%的强度，3～6次为一组，并进行4～6组，整个练习应用最快的速度完成。这种练习方法对于爆发力的提高具有明显的效果。

(2)最大力量训练方法

发展运动员最大力量的训练主要有两条途径：一是通过增大肌肉生理横断面增加肌肉收缩力量；二是改善肌肉内协调能力，提高神经系统指挥肌肉工作能力，动员更多运动单位参加工作。训练中应先进行增加肌肉生理横断面的力量训练，然后进行肌肉内协调能力的训练。

①增加肌肉生理横断面的最大力量训练

采用本人最大极限负重量的60%～85%的强度，4秒左右完成一次动作，做5～8组，每组4～8次；组间间歇时间控制在上一组练习肌肉所产生的疲劳得到基本消除。

②改善肌肉内协调能力的最大力量训练

采用本人最大极限负重量的85%以上强度，2秒左右完成一次动作，做5～8组，每组1～3次；组间间歇时间控制3分钟左右或更长(在上一组练习肌肉所产生的疲劳得到恢复)。

③静力性练习和等动练习

静力性练习多采用大强度和极限强度，每次持续时间为5～6秒，总练习时间不超过15分钟。等动性练习动作速度基本不变，肌肉在练习过程中能发挥出较大力量，练习强度要大，每组练习4～8次，做5～8组，组间休息要充分。

(3)力量耐力训练方法

力量耐力主要是有氧供能，其发展不仅依靠肌肉力量的发展，而且要依靠血液循环、呼吸系统机能的改善和有氧代谢能力的提高，以满足长时间工作的肌肉所需氧气和能源的供给。

力量耐力与最大力量有关，不同运动员在完成同一负重时的重复次数，取决于其最大力量的大小。最大力量大的运动员练习重复的次数多，表现出的力量耐力强。所以，力量耐力水平的提高，也依赖于最大力量的发展。一般力量耐力的发展，可以依据肌肉物质交换的关系采用等动训练法、循环训练法、极限用力法等进行训练。

①练习的强度

发展克服较大阻力的力量耐力，可采用运动员自身最大力量的75%～80%的负荷进行重复练习；发展克服较小阻力的力量耐力，则其最小负荷强度不能小于最大负荷强度的35%的负荷强度，否则练习效果不大。

②练习的重复次数与组数

一般要达到极限的重复次数，即坚持做到不能再做为止，这样才能改善血液循环和呼吸系统的供氧能力及糖酵解供能机制，保证力量耐力的增长。练习的组数也应视具体情况而定，通常是在保证每组达到极限的重复次数前提下确定练习的组数。

③练习的持续时间

采用动力性练习，则由练习的次数和组数确定，以完成预定的次数、组数为其练习持续的时间；而采用静力性练习，则单个动作的持续时间一般是10～30秒钟。这取决于负重的大小，负重大则持续时间短一些，负重小则持续时间长一些。

④组间的间歇时间

要在未完全恢复的情况下就进行下一组练习，以达到疲劳积累、发展力量耐力的目的。如果进行几组练习后，运动员已相当疲劳了，就可适当延长组间休息的时间。

2. 一般力量素质训练的手段

(1)后抛壶铃

上体前倾，双手提壶铃半蹲，向后抛壶铃。另外也可以采用实心球进行练习。练习时腿部要发力，挺髋展体挥臂。这种练习手段主要是发展腿部、腰部以及上肢肌群的力量。

(2)后仰转动

两人面对面，手拉手做后仰动作，同时围绕中心做连续的转动。练习时，手臂要伸直，全身保持挺拔。这种练习手段主要是发展三角肌、大圆肌、肱三头肌以及腿部小肌肉群的力量。

(3)弓箭步推手

两人面对面保持弓箭步站立，双手屈臂相握，之后相互用力进行推手动作。练习时，用力应该由小不断加大，慢速进行，这种练习手段主要是发展肱二头肌、三角肌、胸大肌、腰大肌、股四头肌、缝匠肌、臀大肌、股二头肌等肌群的力量。

(二)力量训练的过程控制

在进行力量素质训练前，要做好充分的准备活动，可以做一些柔韧、伸展练习，以将身体充分活动开，这能有效降低运动损伤发生的概率。

1. 初始训练频度控制

(1)周训练课次

一般情况下，每周要进行三次力量素质训练课。力量素质训练后还要保证充足的休息时间。休息时间可以安排其力量素质训练之外的其他性质练习。周力量训练课安排应该是星期一、星期三、星期五，或者星期二、星期四、星期六。另外，课次持续训练时间一般为45～75分钟。

(2)课次训练组数

训练组数对训练效果有着直接的影响。为了获得最佳的力量素质训练的效果，其训练方式应该是每个练习重复3～5组。一般来说，在第5组练习之后增长力量的效果就显著下降。

(3)每组重复次数

每组重复的次数应该根据训练者的实际情况进行。训练者在初次进行力量素质训练时，除腹部练习外通常采用较轻重量，每组重复10次左右的训练量。

2. 训练重量控制

运动员进行力量素质训练，需要把握好训练的重量，合理地安排训练负荷。

(1)训练重量标准

在初次训练时,一般采用能连续重复10次的重量,最后一次恰好能够完成。当然这样精确的控制是不容易达到的,因此前几次训练课中应该通过不断尝试来调整确定适宜重量。

(2)增加训练重量的时机

随着运动训练的不断进行,训练力量也要有所增加,另外还要注意增加训练重量的时机,增加力量的时机应该是可以在一个重量下连续练习超过10次重复。

(3)训练方式选择

力量素质训练的方式大体可以分为两种:一种是低重复高强度的训练,主要是发展绝对力量;另一种是高重复低强度的训练,主要发展力量耐力素质。

3. 主要参与力量素质训练的肌群

在力量素质训练初期,应该重视发展参与力量素质训练的主要肌群的力量。其训练的顺序是先进行大肌肉群力量练习,再进行小肌肉群力量的练习。在力量素质训练中,对人体最主要的七个肌肉群锻炼顺序应该如下。

(1)腹部肌群。从腹部肌群开始进行部分的准备活动。

(2)大腿前部肌群。其是人体最大的肌肉群。双腿的锻炼能够自动地带动腰部肌群参与运动,因此在练习之前要进行充分的准备活动。

(3)胸部肌群。其是完成上肢支撑动作的主要肌群。

(4)背部肌群。其充分锻炼应该在开始背部肌群的练习之前。

(5)肩部肌群。其是完成上肢支撑和提拉动作的主要肌群。

(6)肱二头肌群。其是完成上臂屈肘动作的主要肌群。

(7)肱三头肌群。其是人体最小的肌肉群。通常来说,最后进行肱二头肌群和肱三头肌群的练习。

二、一般速度素质训练

(一)速度素质概述

速度素质是一种重要的身体素质,它指的是人体快速运动的能力。速度素质一般有反应速度、动作速度以及位移速度三种形式。反应速度指的是人体对各种刺激迅速作出反应的能力,一般情况下以反应时长短来表示;动作速度指的是人体或人体的某个部位完成单个动作或者成套动作的快慢以及单位时间内重复动作次数的能力;位移速度指的是在周期性运动中,单位时间内人体快速位移的能力,通常以通过一定距离的时间或者单位时间内所通过的距离来表示。在棒垒球运动当中,速度素质的这三种表现形式都会在运动过程中表现出来,三者的表现形式也各有特点。

(二)一般速度素质训练的基本要求

1. 重视练习的强度与增强肌肉力量

重视练习的强度与增强肌肉力量是运动员进行力量素质训练时应该特别注意的。练习者在完成速度练习时,应该最大限度地动员全身的力量,使动作的频率快、幅度大,达到自己最高的速度水平。因此,采用接近极限的强度,尤其是提高爆发力来提升肌肉快速收缩的能力,对速度素质的训练有很好的效果。

2. 改善中枢神经系统的反应能力

在运动速度素质训练中,运动员应该特别注意发展与改善中枢神经系统的反应能力。研究证明,速度素质与人体运动神经中枢兴奋与抑制的转换速度,即神经过程的灵活性,以及肌肉的类型和肌肉活动的协调性有很大关系。因此，在发展速度素质的训练中，要努力改善中枢神经系统的反应能力。中枢神经的反应能力主要表现在反应速度上。反应速度实际上是人体神经系统反射通路传导时间长短的体现，是人体神经系统受遗传决定、本身固有的生理过程。速度素质训练的作用在于把受遗传因素影响所决定的最高反应速度表现出来，并使其稳定性得到提升。通常来讲，经过训练所建立的运动条件反射越多，练习者表现的反应就会越快。

3. 注重肌群之间的相互配合

身体肌群之间的相互配合，有助于提升技术动作的协调性。运动员进行速度素质训练时，应该注重改善协同肌和对抗肌之间的协调配合，提升动作之间的协调性。练习者还应该加强各种动作的辅助练习，培养动作过程中的放松能力。

4. 速度训练与专项技术训练有机结合

棒垒球运动员进行速度素质训练时，应该注意与专项技术训练相结合，这样有助于运动者在赛场上有更好的发挥。棒垒球场上的速度有其特殊的表现形式，富于变化。速度训练的手段与棒垒球运动的专项技术相结合，有助于速度在棒垒球技战术实施过程中得到更好的发挥。

(三)一般速度素质训练的方法与手段

1. 一般速度素质训练的方法

运动员的一般速度素质训练应该与其他训练手段结合进行，如发展最大力量、速度力量以及完善动作技术相结合。运动员的速度训练应着力于提高场上的起动、快速跑动能力等。

(1)反应起动速度训练

反应起动速度训练是运动员进行一般速度素质训练的主要

方面。在棒垒球运动中,反应起动速度训练主要是结合专项技术动作结构,并与其保持一致的速度训练。反应起动速度训练的方法主要有以下几种。

①通过起动跑等训练来缩短运动的各环节,特别是关键环节的反应时间。

②增强完成专项动作的能力,提高技术动作的信息量,不断提升运动员对技术动作的感知能力,培养良好的运动意识,缩短其反应时的潜伏期。

(2)动作速度训练

对于运动员而言,动作速度即为其完成单个和成套动作的快慢,也即为其在单位时间内做某个动作的能力。通过提高关键技术环节的熟练程度,能够有效提高动作速度。

神经系统对人体的各种运动机能起到控制作用,因此可以说,动作速度的快慢与神经系统的兴奋和敏感度有极大的关系。当人受到的内外刺激强度较大时,人体神经系统就处在兴奋的状态下,随之而来的就是其传递信号的速度加快,在人体表象上看就显现为身体的协调性增强,使得动作速度和反应能力的加快,反之则使动作速度和反应能力减弱,运动状态欠佳。另外,人体各个器官系统的准备状态,技术动作的熟练程度和其他身体素质的水平也会对动作速度的快慢产生影响。

(3)移动速度训练

移动速度即为位移速度,是指在单位时间内人体快速移动的能力。为更好的理解移动速度的计算方法,可以参照物理公式 $v=s/t$。在公式中,v 表示物体移动的速度,它是距离 s 与通过该距离的时间 t 之比。

与动作速度相同的是,移动速度的快慢也与人体神经系统所处的状态有关,且移动速度的快慢和能力与神经系统的兴奋性呈正比例关系。这些现象最终也将直接体现在人体移动速度的加快。

经研究表明,人体的位移速度不仅可以依靠后天训练和培养得到提高,有时它还会受遗传因素影响。例如,父母从小参与各种训练,获得了快速移动的反应的能力,那么他们的子女在这方面的素质也一定不会太差,或者可以在后天的培养和训练中在速度方面的提高会更快。在技术动作中,位移速度可分为平均速度,加速度和最高速度。

运动员发展移动速度,需要在保证动作的准确的前提下,进行技术的改进,提高一定时间内动作的频率。

2. 一般速度素质训练的手段

(1)手臂摆动训练

在速度素质的训练中,手臂的摆动动作对于提高运动员的跑动速度具有重要作用。在棒垒球运动比赛中,手臂摆动要与腿部摆动协调配合才能更好地发挥跑动速度。

运动员在整个手臂摆动训练中,应该尽量使肩部保持放松,特别是采取绕环动作有助于运动员体会和理解双肩的运动功能,之后再进行其他形式的手臂训练。

①坐姿摆臂训练

练习者坐于地板上或者板凳上,双腿伸直。摆动手臂,肘部90°弯曲,仿佛在敲鼓。

②前后甩臂训练

练习者向前甩臂,之后贴身向后甩臂。双肩保持放松,手臂要伸直。手和手指要保持放松。握拳会导致前臂与双肩紧张,从而对双臂的自由摆动产生影响。

屈肘呈 90°,放松摆动肘部,手臂进行前后移动,但是手的位置不要高过胸部或者肩部;向后摆动时,手的位置不要超出臀部。

随着练习的进行,练习者的摆臂动作逐渐加快。手臂的摆动速度同样有助于腿的摆动速度。

(2)跑的训练

原地进行快频率移动、小步跑、后踢腿跑、直线交叉步、高抬腿跑、左右侧交叉步跑、跨步跑结合加速跑。

①小步跑训练

双膝稍弯，身体呈一条直线（即肩、髋、膝和踝关节呈一条直线），尽量去提踵。跑动过程中，前脚掌着地，尽力蹬伸，双膝微屈，双脚交替。着地时应该用前脚掌。当右脚蹬离地面时，左脚要划过地面。

②高抬腿跑训练

高抬腿跑时，应该脚前掌落地，抬膝时保持身体伸展。当一条腿伸直时，另一条腿的大腿要和地面保持平行。当膝盖抬到最高点时（大腿与地面平行），脚踝向后勾，脚置于膝盖的下方。练习者还应该注意手臂动作要准确。

（四）各类型速度素质训练的注意事项

1. 反应速度素质训练的注意事项

（1）集中注意力

在运动中，保持注意力集中，可使神经系统处于适宜的兴奋状态，并使肌肉收缩处在待发状态。实验证明，肌肉处在待发状态时，要比肌肉处于松弛状态的反应速度高 60%左右。发展反应速度练习，肌肉紧张待发状态的时间大约为 1.5 秒左右，最长不得超过 8 秒。这里所说的注意力主要反映在完成的动作上，以及缩短反应潜伏期的时间。

（2）动作熟练程度

反应速度的提高主要取决于练习者对应答信号的熟练程度。在运动中，对于动作娴熟、运用自如的练习者来说，一旦信号出现，就会即刻作出相应的应答动作。反之，则会作出迟钝的反应动作。这是由于感受器受到信号刺激，中枢神经无需再花费较长时间去沟通与运动器官的反射联系。因而，要提高反应速度的最好方法，就是反复多练。但在反复练习中，需要经常不断地变化练习刺激的时间和强度等因素，否则，便会形成反应速度的动力定型，继而发生“反应速度障碍”。

(3)掌握多种技能

反应速度的练习，需要结合实际需要进行练习。如练习短距离起跑时，主要是练习听觉—动觉的反应速度，可采用“声”信号刺激来提高这种反应能力。又如，格斗类项目动作复杂多变，这就要求练习者能在瞬间对各种复杂多变的条件作出迅速应答反应，为了达到这一要求，可多模拟实战演练或比赛的情况。因为格斗时对方所采用的动作变化只有在激烈的对抗中才能充分地显现出来，而反击对手的应答动作是否有效，则需要在对抗中得到检验。

2. 动作速度素质训练的注意事项

(1)采用熟练掌握的动作

采用已熟练掌握的练习动作，可以使练习者在完成动作时，无需把精力放在如何完成动作上，而把精力集中在完成动作的速度上，以提高动作速度的练习效果。

(2)掌握好练习的间歇时间和休息方式

由于练习动作速度强度比较大，因此要求练习者需有较高的兴奋性。为了保证整个练习过程不因疲劳而降低运动的强度，并达到预定的练习效果，就需要严格掌握好练习的间歇时间和休息的方式。因为休息间歇的持续时间决定着中枢神经系统兴奋的转换和与氧债的“偿还”有密切关联的植物性功能指标的恢复。休息间歇时间一方面应该使间歇时间长到植物性功能指标能得到较全面恢复的程度；另一方面又应该短到神经兴奋不会因休息而产生本质性降低的程度。

(3)动作速度练习需要与练习项目相似

实践证明，如果采用了与练习项目或动作结构不相同的动作速度练习，所获得的动作速度不会积极地向练习项目或动作结构转移。例如，短距离跑练习可使体操跳马项目的助跑速度加快，但并不能由此而获得器械上的旋转动作速度。这是因为旋转动作速度和动作速度的练习与感受器官和运动器官缺乏一致性的专门练习。动作速度仅仅是提高水平速度的平行运动，而旋转动作速度则是物体围绕一个轴或点所做的圆周运动。只有将两者有机地结合起来进行练习，才能达到预定的练习效果。例如，球类运动的反应练习可把视觉与四肢运动结合起来，格斗运动应把判断对手的动作与自己的攻防动作结合起来。通过简化条件的反复练习，既可以提高反应速度和动作速度，又可以掌握正确的技术动作，并协调速度的运用。

3. 位移速度素质训练的注意事项

(1)注重肌肉放松的练习

在进行训练时，如果肌肉紧张，在一定程度上阻碍血液的流动，并导致动作的不协调，从而影响速度素质的发挥；当肌肉放松时，血液循环不受阻碍，保证了人体的氧气的供应，并促进了能源物质的合成，肌肉收缩的速度会加快。

(2)预防和克服心理障碍

心理障碍是妨碍练习者发展快速移动能力或潜力的主要因素之一。如认为对自己的成功与否难以预测，自信心较弱；消极思维，导致过度紧张和焦虑，感觉提高成绩是不可能的事。要克服心理障碍应做到以下几点。

①要激发练习者顽强拼搏、奋勇进取的勇敢精神和坚定的信心及适宜的目标设置。

②可在练习中有意识地安排一些接力跑、集体游戏等练习内容，激发练习者在练习中发挥快速移动的能力。

③在练习中有针对性地采用一些竞赛活动，通过斗智、较力，比速度、比技术、比成绩，激励练习者的高昂斗志和运动动机，使练习者在竞争中充分地发挥速度水平的潜力。

④在练习或测验、考核、比赛中，可采用“让步赛”的活动形式，即强者让出一定的优势给弱者，以促使练习者尽量地发挥最快的速度水平。

（3）防止和克服速度障碍

当位移速度发展到一定水平时，由于神经、肌肉系统等达到一定高峰后，在练习中积累、形成的步频、步幅、技术、节奏等就会产生相对稳定的状态或动力定型，继而出现位移速度停滞，阻碍继续提高的现象，从而出现速度障碍。产生速度障碍的客观原因是：从运动技能形成规律上讲，技能动力定型的形成，使得练习者在已掌握技术动作的空间特征上固定下来，在时间特征上稳定下来；从技能形成的机制上讲，神经过程的灵活性对速度练习的作用比其他练习显得更为重要，而神经过程的灵活性练习难度是很大的；从能量供给上讲，肌肉收缩所需要的能量值的立方与肌肉收缩的速度成正比；从运动医学上讲，人体向前移动所克服的阻力与其前进的速度平方成正比。由此可见，产生运动障碍的主要原因是：过早地发展绝对速度，基础练习不够；技术动作不合理；训练手段片面、单调；负荷过度、恢复不当等。在练习中，防止和避免速度障碍应注意以下几点。

①发展肌肉力量和弹性，培养练习者轻松自如、准确协调地完成动作的意识。

②强化运动能力，发展全面身体素质，使练习者掌握好基本技术动作，提高机体的活动能力，不要过早、过细地进行专门化的练习。

③采用极限速度练习时，安排适中的运动负荷。在极限速度练习后，则要使肌肉得到一定的放松，这样做不仅可以尽快地恢复机体的活动能力，还可以促进纤维工作同步化和肌肉工作的协调性。

④练习手段要多样化，尤其要多采用一些发展速度力量的练习手段，以变化的频率、节奏完成动作，建立起中枢神经系统灵活多样的条件反射。

⑤采用减少外部阻力的练习。为了防止和避免速度障碍的形成，训练中可以通过变换练习方法或增加一些能够产生运动过程兴奋具有强烈刺激的练习内容。因为多次重复新的刺激能

使练习者产生新的更快速度的动力定型。如减少外部阻力的下坡跑、牵引跑、顺风跑等练习。

三、一般耐力素质训练

(一)耐力素质概述

耐力素质是指个体克服工作过程中所产生疲劳的能力。它是人体身体素质的重要组成部分之一,是体现个体的健康水平或体质强弱的重要标志。任何一个体育运动项目都需要运动者具备相应的耐力素质。

个体的耐力素质好坏的主要判断标准是其是否能在长时间工作中克服机体产生的疲劳。因此,在这里运动者必须明确疲劳的概念及其产生的生理机制。运动生理学研究认为,疲劳是由于机体在长时间工作中而引起的工作能力暂时性的降低,其表现为工作较困难或者完全不能继续按照以前的强度工作。按照阶段划分,可以将疲劳分为补偿性疲劳阶段和补偿性失调阶段。补偿性疲劳阶段即尽管完成工作较困难,但个体通过顽强的意志支配可以在一定时间内仍保持前一段工作时的强度。补偿性失调阶段即尽管主观意志想克服体力上已产生的紧张,但工作强度仍然降低;按照特点划分,可将疲劳分为心理的疲劳和生理的疲劳。在运动训练过程中,研究和克服由于身体活动和肌肉活动而引起的体力上的疲劳更加具有意义和价值,在运动实践中,个体体力上的疲劳是训练后的必然结果,可以说没有疲劳就不能称之为训练。疲劳使人体工作能力下降并限制机体工作的时间,因此又是运动训练必须要克服的障碍。因此,运动者克服疲劳的能力,客观真实地反映了他的耐力水平。

(二)一般耐力素质训练的基本要求

1. 遵循循序渐进与长期坚持的原则

耐力素质的发展应该遵循人体的生长发育规律，训练所采取的方式、强度以及运动量与人体体质健康水平相一致。因此，进行耐力素质训练一定要因人而宜，做到循序渐进与长期坚持，只有这样才能不断提高身体的心肺功能，增进人的体质。

2. 以有氧耐力训练为基础

如果运动者先进行一定量的系统的无氧耐力训练，那么心肌壁就会增厚，这样虽然心脏收缩能力强而有力，但难以提高每搏输出量，从而会对全身血液的供给产生影响，不利于今后的发展。因此，在发展无氧耐力之前或同时应进行有氧耐力训练。在具体训练过程中，则应根据各方面的情况合理安排有氧耐力训练和无氧耐力训练的内容和比例。

3. 呼吸与动作协调配合

个体的呼吸能力的作用在于摄取发展耐力的必要氧气，因此对耐力训练十分重要。在运动过程中，呼吸机体摄取氧气是通过提高呼吸频率和加深呼吸深度实现的，所以培养运动者以加深呼吸深度供氧的能力和培养运动者用鼻呼吸的能力非常重要。此外，还应加强呼吸节奏与动作节奏的协调一致性训练，运动者的呼吸节奏紊乱，必定会使运动节奏遭到破坏，从而增加机体能量物质的消耗，对个体耐力水平的提高产生不利影响。

4. 与运动专项结合进行

耐力素质训练过程中，应根据运动专项的特点和需求来确定各种训练方法和训练内容，促进训练效果的提高。另外，在一个训练周期的不同阶段对耐力素质训练的要求也有所不同，一般是按照一般耐力阶段、专项耐力基础阶段以及专项耐力阶段划分进行的。

5. 注重意志品质的培养

在耐力素质训练中，运动者的意志品质起着重要作用。意志坚强的运动者比意志薄弱者的耐力表现要好很多。因此，在进行耐力素质训练过程中不仅要注重运动者所能承受的生理负荷，同时还应该强调对其意志品质的培养，不断提升运动者的心理承受能力，培养运动者优秀的行为作风，这对棒垒球运动员进行大强度训练和比赛非常有帮助。

（三）一般耐力素质训练的方法与手段

1. 一般耐力素质训练的方法

（1）持续训练法

持续训练法主要是进行低强度、长时间、不间断的训练的方法。一般训练时间不少于 30 分钟，并且以比较恒定的强度持续进行训练。通过持续训练法进行训练，能够对机体施加连续的刺激，不仅能够使得人体的心血管系统和呼吸系统的功能得到增强，还能够有效发展训练者的有氧耐力和一般耐力。

在训练时，负荷强度的心率指标应控制在 160 次/分钟左右，并且训练过程不能中断。这种训练方式虽然强度不高，但是总的负荷量较大，能够对人体产生积累性的刺激。在训练过程中，如果训练方式相对较为固定，则可通过改变训练的时间和训练的强度来对运动训练进行调整。

（2）重复训练法

重复训练是指按照固定不变的动作结构和负荷量，重复进行训练，形成固定的条件反射，从而使技术动作定型。耐力素质训练中，可以通过对各种动作的技术的重复训练来强化运动的条件反射，不仅有利于动作技术熟练程度的提高，还能够有效发展身体素质。需要注意的是，其中单次(组)训练的负荷量、负荷强度及每两次(组)训练之间的休息时间是重复训练法构成的主要因素。通常休息的方式可以采用静止、肌肉按摩或散步。

重复训练法的特点是在心率恢复至100～120次/分钟时，再进行下一次训练。其训练的时间、距离、重量及动作等要求专项特点明显，训练的强度较大，训练的次数较少。

(3)高原训练法

高原训练法是机体在海拔高度较高，空气中氧含量较少的高原地带进行训练的方法。这种方法主要利用空气稀薄，在缺氧的情况下进行训练，并多被一些专业运动队所采用，例如在我国的青海多巴、云南昆明等地都设有高原训练基地。这是一种提高机体耐力水平非常好的训练方法。通过在海拔高度2 000米左右的地带进行高原训练，可以有效发展机体的有氧代谢能力，提高机体回到平原后承担大负荷训练和参加大强度比赛的能力。

在进行高原训练时，由于身处高原中，其空气中的含氧量要比平原少，对心血管系统和呼吸系统提出了较高的要求，通过一段时间的训练和适应过程，机体肺通气量和呼吸效率会得到明显提高，使其呼吸、循环系统的机能得到很好的改善。

通过高原训练后，会增加循环血中红细胞和血红蛋白的数量，使机体的血液输氧能力得到很大的提高。同时还能使肌肉中的毛细血管增生变粗，使肌细胞的新陈代谢有氧供能能力得到显著提高。

(4)变换训练法

变换训练法是指在体能训练过程中有目的地变换单个动作结合、练习的负荷(运动量、运动时间、运动频率等)以及变换训练的条件、环境等的方法。在体能训练过程中，对运动负荷进行变换，可以使机体产生一定的适应性变化，帮助机体提高自身承受运动负荷的能力。合理的采用变换训练法，有利于提高人的兴趣，并对神经调节和训练效果有很好的帮助。

变换训练法可根据实际情况对训练的方法手段、训练内容和形式等进行变换，根据变换的内容的不同，可将其分为不同的种类。

运动训练负荷的变换能够更好地促进技术动作的学习和掌握，并且随着运动负荷的改变，能够促进机体适应能力的提高。在运动训练的负荷进行变换时，可对负荷强度、间歇时间、训练时间、练习的次数等方面进行改变。

内容变换训练法可以对训练内容的动作结构进行固定组合和变异组合，使训练的负荷性质符合专项特点，采用这种训练法对提高动作的衔接能力具有重要的意义，同时对多样的技术动作要求更高。

形式变换训练方法的运用，主要变换练习环境和条件。改变练习条件的训练法，如改变干扰的条件、场地器材条件、不同技术特点的对手在对抗条件下练习以及有无对手的条件等。这种训练的主要目的就是适应条件变换的能力，将身体素质和技术能力能够在不同的条件下都能够发挥稳定。改变练习环境的训练法，这种方法常用在适应比赛环境的训练方面，如根据比赛地点的情况，寻找相似的地方进行训练。

(5)比赛训练法

比赛训练法是指组织竞争性的、有胜负结果的、以最大强度完成练习的训练方法。它包括检查性比赛、适应性比赛等。比赛训练法对于篮球运动的意义主要体现在以下两个方面。

首先，比赛训练法能结合实战提高运动员的技术、战术、身体训练水平和心理素质。

其次，比赛训练法能调动运动员训练和比赛积极性的有效手段，它可以激发运动者的斗志，促进运动员积极向上、克服困难，从而创造优异的运动比赛成绩。

(6)循环训练法

循环训练法要求运动员根据运动训练的具体任务，把按预先设计的多项活动内容设计成若干个站，在训练过程中使运动者按照一定顺序一站一站地进行练习，运用循环练习的方式周而复始循环往复地进行练习的方法。一般的，开始时先练一个循环，过 2～3 周再增加一个循环，逐渐增加到 3～4 个循环，但最多不得超过 5 个循环。一次循环中应包括 6～14 个不同的练习，每个练习间歇为 45～60 秒钟，每个循环间歇为 2～3 分钟。该方法对刚刚参与运动训练的运动者较为适用。

循环训练法可消除枯燥感，机体肌肉的局部负担不重，不易疲劳，能调动运动员的积极性。可因人而异地区别对待和解决负荷量问题，避免运动者过度紧张状况的出现。

科学实施运动循环训练，要求运动员的运动训练应突出重点，因人而异地确定循环训练的负荷。而由于不同的人，身体素质也存在较大差异，在安排素质训练时，要因人而异，同时还要避免因局部疲劳积累而产生损伤。此外，在训练过程中应根据阶段训练任务的变更及时进行调整或变换。

2. 一般耐力素质训练的手段

(1)反复跑

训练方法：练习者采用 80%以上的强度，每组反复跑 150 米、250 米、500 米之间距离 4～5 次。每组练习之间休息约 20 分钟，以预定的时间跑完全程。也可以采用专项的 3/4 距离进行练习。

训练要点：跑的过程中调整呼吸，大学生在出现极点时尽量不要放慢跑的速度。

(2)间歇快跑

训练方法：练习者以接近 100%强度跑完 100 米后，接着慢跑 1 分钟，间歇练习。快慢方式对照组成一组，反复训练 10～30组。

训练要点：根据练习者的实际情况增减和调整训练负荷。

(3)力竭重复跑

训练方法：练习者采用专项比赛距离或稍长距离，以 100%

强度全力跑若干次，每次之间充分休息。

训练要点：根据练习者的具体情况确定跑的距离。

(4)持续接力跑

训练方法：进行100～200米的全力跑，每组4～5人轮流形式进行接力跑。如果练习者人数充足也可以分成若干组进行训练比赛。

训练要点：接力跑的距离结合练习者的体能素质和运动项目而定。

(5)俄式间歇跑

训练方法：采用固定练习中间休息时间，随训练水平提高逐渐缩短中间休息时间的方式进行训练。如在跑400米练习中，用规定速度跑完100米后，休息20～30秒，如此循环反复训练。

训练要点：当练习者的能力可以缩短练习中间休息时间时，一般来说，调整休息时间应为15～25秒。

(6)短距离重复跑

训练方法：采用300～600米距离，每次练习强度为80%～90%，进行反复跑。

训练要点：跑的过程中要注意速度分配的准确性，具体可以采用全程或半程的速度分配计划。

四、一般柔韧素质训练

(一)柔韧素质概述

柔韧素质是指人体关节活动幅度大小以及跨过关节的韧带、肌腱、肌肉、皮肤及其他组织的弹性和伸展能力。柔韧素质主要体现的是关节活动幅度的大小和跨过关节的肌肉、肌腱、韧带等软组织的伸展性。这两个方面对柔韧水平的影响非常大。其中，决定关节的活动幅度的主要因素是关节本身的装置结构；跨过关节的肌肉、肌腱、韧带等软组织的伸展性，则与日常的运动训练有很大的关系。柔韧素质受多方面因素的影响，具体而言，可包括以下几方面的影响因素。

1. 性别

按照人体解剖学来看，男女由于性别的差异其生理特点有很大的不同，如男子的肌纤维长，横断面积比女子要大，伸缩度较大，全部肌纤维的 3/4 强而有力；女子的肌纤维细长，横断面积小于男子，伸展性好，对关节活动限制小，全身仅有 1/2 的肌纤维强而有力。由此可以看出，女子关节的灵活性要比男子的灵活性好。

2. 年龄

根据人体的生长规律得出，人体柔韧性最好的时间是婴儿时期。骨的骨化，肌肉的增长，人的柔韧性会随着年龄的不断增长而逐渐加强。一般来说，10 岁之前，人体的柔韧性会自然发展，而 10 岁之后就会随着年龄的增长不断成降低趋势。由此可以看出，应该充分发展柔韧性的年龄段为 10—13 岁。

3. 温度

如果肌肉温度升高，就会加强人体的新陈代谢能力、加快速度，增多供血量，减少肌肉的黏滞性，增强弹性、伸展性，这样就会使得身体的柔韧性得到有效提高。对柔韧性造成影响的温度可以分为两种，一种是外界环境温度，另一种则是体内温度。外界环境对机体产生的不适应可以通过调节体内温度来进行有效的补偿。

4. 心理因素

心理因素对于人体的柔韧素质也具有一定的影响。当运动员心理紧张、焦虑时，中枢神经系统将会影响到机体各部位的工作状态，心理紧张或焦虑度过强、时间过长都会使神经过程由兴奋转为抑制，严重影响身体各部位的协调能力，并最终会造成身体柔韧素质降低。

另外，良好的柔韧素质与运动员的毅力、耐心、意志以及长期坚持不懈地训练具有直接的关系。因此，运动员要想提高柔韧素质，需要经过长期艰苦的训练才能逐渐发展。同时，因为柔韧素质训练中经常会伴有疼痛感，如果停止训练又容易消退，所以，发展柔韧素质需要坚强的毅力和意志，进行坚持不懈的练习，只有这样，才能有效的提高柔韧素质。

5. 疲劳程度

疲劳程度对柔韧素质的影响也很大。当身体处于疲劳状态时，肌肉的弹性、伸展性和兴奋性就会降低，收缩与放松也变得迟钝，进而会影响到柔韧素质，导致柔韧素质下降。其主要表现为主动柔韧素质下降，被动柔韧素质提高，此时进行被动柔韧素质训练较为适宜。

6. 关节类型与结构

影响柔韧素质的因素有很多，其中关节结构是最不容易改变的因素，骨关节结构的形成是以人体生理生长规律需要为主要依据的，基本上由遗传决定。这是一种被限定的结构，虽然训练可以使骨结构产生部分变化，但这种变化只局限在关节骨结构所许可的范围内。关节头和关节窝两个关节面的面积之差决定着关节的活动范围，两个关节面的面积之差越大，则关节活动的幅度就会越大。

7. 跨过关节的肌肉、肌腱、韧带

肌腱和韧带具有加固关节的重要作用，肌肉的主要作用则是从关节外部补充加固关节力量，并且对关节的活动幅度进行有效控制。其中，韧带本身是抗拉性很强的组织，它主要是通过对关节进行加固，使关节在一定范围内运动，这样就能够达到保护关节的目的，从而尽量降低受伤的可能性。

8. 关节周围肌肉的厚度与强度

关节周围肌肉的厚度与强度过大，会限制关节的活动范围，对柔韧素质的发展也会起到积极的促进作用。关节周围肌肉的厚度与强度的大小，往往受先天因素的影响较大，同时也与后天的体能训练有一定关系。

（二）一般柔韧素质训练的基本要求

1. 加强主要与相关部位的柔韧练习

柔韧素质的训练需要身体某些关节或者部位的配合，同时还需要一些相关部位的协调配合。不同的运动其对于人体各部分的柔韧性会有不同的要求，运动员在进行柔韧性训练时，应根据专项运动的特点，进行相应部位的训练，要做到主次合理。

2. 与力量素质训练相结合

柔韧素质训练最好与力量素质训练结合起来共同进行。这是由于如果柔韧训练安排不合理，就会对力量素质的发展造成不利影响。在进行进柔韧素质练习时，应充分放松肌肉和韧带，并将柔韧性练习与力量练习有机结合在一起，科学安排运动训练。

3. 结合年龄与性别的特点

年龄与性别是影响柔韧素质训练的两个重要因素。从人的自然生长规律角度看，年龄越小身体的柔韧性就越好，年龄越大则身体的柔韧性就越差。根据生理解剖特点，女子的身体柔韧性要优于男子，因此应该遵循生理发展的客观规律，及时抓住发展身体柔韧性素质的有利时机进行训练。

4. 注意外界温度与练习时间

外环境温度过低或过高，都会影响柔韧练习的效果。当然，外界温度不可能永远保持在一理想状态下不变，这就需要用适当的准备活动加以调节，以渐进的方式进行练习，从而防止损伤。虽然柔韧素质随时可练，但就人体本身而言，早晨机体的柔韧素质明显较低，下午机体能表现出良好的柔韧素质。根据人体这一特征安排柔韧训练时间，可起到事半功倍的效果。

（三）一般柔韧素质训练的方法与手段

1. 一般柔韧素质训练的方法

(1)拉伸法

拉伸法是发展柔韧素质的基本方法，拉伸法又分为动力拉伸法和静力拉伸法。动力拉伸法是指有节奏地重复同一动作练习，可使软组织逐渐被拉长；静力拉伸法是指用缓慢的动作将软组织拉长到一定程度时停止不动，从而使软组织受到持续拉长的刺激。

在动力拉伸法和静力拉伸法中，都有主动练习和被动练习两种方式。前者是靠自己的力量将软组织拉长的练习，而后者则是靠外力帮助使软组织拉长的练习。在练习中常将上述两种方式结合起来运用。韧性练习的强度，反映在用力大小和负重多少两个方面。用力或负重均应逐渐加大，但不得超过用力或负重量的 50%，长期中等强度拉力所产生的效果优于短期大强度的作用。在实际的练习中，重复次数因年龄、性别、阶段、关节不同而定，原则上女子比男子少，少年比成年少，保持阶段比发展阶段少。每组做 10～12 次练习，持续时间为 6～16 秒，间歇时间的确定，一般依主观感觉而定。采用静力拉伸时，伸展最大限度时的固定时间在 30 秒左右。

(2)发展四肢柔韧性的方法

发展肩、腿、臂、脚部柔韧的主要手段有压、搬、摆、踢、拉、绕环等。

(3)发展躯干柔韧性的方法

发展腰部柔韧性的主要手段有站立体前屈、转体、甩腰、绕环、俯卧背伸等。

2. 主要训练手段

(1)手指手腕练习

①两臂胸前平屈，双手指尖向上，十指尖反复相压。

②压腕练习。

③持木棒做腕绕环。

④十指屈伸连续弹动。

⑤俯卧手指撑。

⑥利用哑铃做手腕屈伸、绕环练习。

(2)肩关节练习

①主动或被动地压肩、拉肩、吊肩、转肩。

②在单杠上做各种握杠的悬垂，借助绳或木棍的转肩运动等。

③双手握单杠悬挂，脚上悬挂重物(如杠铃片、沙袋等)或由他人施力向下拉，持续数秒钟。

④各种肩绕环，徒手或哑铃。

(3)脊柱练习

脊柱包括颈椎、胸椎、腰椎。脊柱练习主要采用以下方法。

①颈椎柔韧练习主要采用头前后屈、左右侧屈、左右转动及绕环练习。

②胸、腰椎柔韧练习主要采用下腰、甩腰、体前屈等练习。

③利用肋木做腰部屈伸与绕环练习。

④直腿坐，同伴在背后帮助向前压体。

(4)髋关节练习

①面对肋木，一腿站立，另一腿搁在高于腰的肋木上(可逐格升高)，正侧位压腿。

②纵劈腿，横劈腿。

③屈腿坐下，两脚掌心相对，双手将膝关节向下弹压。

④面对肋木单腿站立，双手胸前握木，向左右和向后摆腿练习。

(5)膝关节练习

①肩负杠铃，做踝、膝伸屈练习。

②弓步压腿。

(6)踝关节练习

①跪坐压踝、跪立压踝。

②负中等重量，踝关节做屈伸动作(提踵)。

③脚放在高约10厘米的木板上，足跟着地，做负重全蹲练习。

④前脚掌站在高台上，做连续快速提踵练习。

五、一般灵敏素质训练

(一)灵敏素质概述

面对千变万化的条件与形势，能够正确、迅速、协调完成相应的动作的能力即被称为灵敏素质。运动员的运动技术水平的高低与其他运动素质能够通过灵敏素质综合反映出来。

灵敏素质的建立需要以其他素质为基础，如速度、力量、柔韧、耐力等。灵敏素质在很大程度上由神经系统的机能决定，并受到运动员的动作储备数量的影响，另外，还与其各方面的身体素质具有重要的关系。

对灵敏素质发展水平的衡量主要以三个方面为标准，具体如下。

首先，运动员的判断、反应、转身、躲闪、翻转、平衡和随机应变的能力是否快速。

其次，是否拥有较好的速度、力量、柔韧、耐力等素质，能够熟练掌握协调性、节奏感等技能，并通过迅速准确的动作对这些素质与技能进行表现。

最后，在动作的完成过程中，能够针对不同的变化条件对自己的身体进行操纵，并将动作熟练准确地完成。

另外，运动者参与的运动项目不同，其对运动者灵敏素质的要求也有差异。例如，一些对抗性项目如球类运动对运动者灵敏素质的要求主要体现在其判断、躲闪、反应、随机应变方面；跳水、体操等项目对运动者灵敏素质的要求主要体现在其迅速改变身体位置及空中翻转方面。

（二）一般灵敏素质训练的基本要求

快速、协调、准确是运动对于运动员灵敏素质的基本要求。这种素质与运动所要求的反应迅速、应变能力强的专项运动特点有密切联系。

1. 将爆发力、反应、速度等融于单个动作

灵活性以及协调能力是由多种素质结合而成。训练过程中，应该将爆发力、反应力以及速度等一系列的动作与要求揉合于单个动作或者编组动作当中，从而使之互相促进，实现灵敏协调能力的提高。

2. 在神经系统处于良性兴奋状态时进行

运动员最好选择神经系统处于良性兴奋状态时进行灵敏素质的训练，这样有助于获得更好的训练效果。由于身体的灵活性以及协调能力受到中枢神经系统的支配，所以应该在神经系统处于良性兴奋状态时进行训练。在疲劳状态下进行训练，其效果会明显下降。

3. 应结合专项技术进行训练

棒垒球运动员身体的灵活性以及协调能力的发展还应该结

合运动专项技术来进行，从而更有针对性地发展灵敏素质。灵活性与协调能力具有很强的专项化特点，因此应该尽量结合专项技术来进行灵活性及协调能力的训练，应该使选择的各种练习方法尽量接近专项技术动作。

（三）一般灵敏素质训练的方法与手段

1. 徒手训练

（1）单人练习法

①快速移动跑

并拢两腿于地面站立，两眼注视指挥手势或判断信号。当练习者看到手势或听到信号后，按照指挥方向朝四个方向做快速变换跑动。通常发出指令的间隔时间不超过 2 秒。

②越障碍跑

并拢两腿于地面站立，面对跑道，设立多种障碍于跑道上。练习者听到“开始”信号后，迅速敏捷地跑、跳、绕，通过各种障碍物体跑完全程，练习过程中可采用计时方式。

③弓箭步转体

做好左弓箭步姿势，两臂在身体两侧自然垂下。练习者听到“开始”信号后，两脚蹬地跳起，身体向左转 180°转化成右箭弓步姿势，有节奏地交替练习。练习过程中可采用计时方式，也可采用记数的方式。

④立卧撑跳转体

并拢两腿于地面站立（也可以做下蹲姿势），练习者听到“开始”信号后，做一次立卧撑动作，然后立即接原地跳转 180°。对 30 秒内完成动作的次数进行计算。

⑤原地团身跳

做好站立姿势。听到“开始”信号后，练习者原地双脚向上跳起，腾空后两腿迅速团身收紧，然后下落还原。连续进行团身跳。练习过程中可采用计时方式，也可采用记数的方式。

⑥退跑变疾跑

做好蹲距式起跑动作。听到“开始”信号后，练习者迅速转体 180°快速后退跑 5 米，接着再转体 180°向前疾跑 5 米。

⑦前、后滑跳移动

两脚前后分开站立，稍微向前倾斜上体，稍微弯曲两腿，两臂自然垂于体侧。听到“开始”信号后目视手势而移动身体，前滑跳时，后脚向后蹬地，前脚向前跨出，随之向前移动身体；当前脚触地后向前蹬地，后脚向后跳，随之向后移动身体。前、后滑跳移动也可以采用左、右滑跳的方式练习。

(2)双人练习

①模仿跑

2 人一组，前后站立，间隔 3 米。听到“开始”信号后，前者在跑动中做出变向、急停、转身、跳跃等不同动作变换的练习，后者则模仿前者在跑。动中做出相同的动作变换。

②手触膝

两人 1 组，面对面站立。听到“开始”信号后，双方在移动中找好机会用手触对方的膝盖。身体素质良好的练习者也可采用一些鱼跃、前扑等动作。

③躲闪摸肩

两个练习者站在直径为 2.5 米的圆圈内。听到“开始”信号后，练习者在规定的圈内跑动做一对一巧妙拍摸对方左肩的练习。

④过人

两个练习者站在直径为 3 米的圆圈内，各站半圈。听到“开始”信号后，一个人防守，另一人利用晃动、躲闪等假动作摆脱对方的防守进入对方的防区。交替练习。

⑤障碍追逐

一人作为被追方在前，另一人作为追方在后。听到“开始”信号后，两人利用障碍物进行一对一追逐游戏，追上并用手触到对方身体任何部位后二人交换练习。

2. 器械训练

(1)单人练习

单人练习包括多种形式的传球、运球、追球、顶球、托球、颠球、接球和多球练习、滚翻传接球练习、翻越肋木、悬垂摆动、钻栏架、钻山羊,以及各种专项球类练习和技巧练习、体操练习等。

(2)双人(结伴)练习

①扑球

两人1组,面对面站立。一人将球抛到另一人的身体侧方,对方可利用交叉步起跳、交叉垫步或侧垫步扑向来球,并用手将球接住。两人交替练习。

②通过障碍。

练习者面对障碍物站立。助跑5米后,跳过山羊,钻过山羊,绕过双杠间,然后返回起点位置。

③跳起踢球

两个练习者面对面站立,二者之间间隔15米。一人将球抛到另一人的身体前面或侧面,对方快速跳起用脚准确踢球。交替练习。

④接球滚翻

两人1组,一人在垫上坐立(接球),另一人面对垫子站立(传球)。坐在垫上的练习者接不同方向与速度的来球。当接到正面的球后做接球后滚翻;接到左、右两个方向的球后做接球侧滚动。交替练习。

3. 组合训练

(1)两个动作的组合练习

交叉步接后退步;前踢腿跑接后撩腿跑;立卧撑接原地高频跑;前滚翻接挺身跳转180°或360°;侧手翻接前滚翻等。

(2)三个动作的组合练习

立卧撑→原地高频跑→跑圆圈;交叉步→侧跨步→滑步;腾空飞脚→侧手翻→前滚翻;滑跳→交叉步跑→转身滑步跑等。

(3)多个动作的组合练习

跨栏架→钻栏架→跳栏架→滚翻;后滚翻转体 180°→前滚翻→头手倒立前滚翻→挺身跳;分腿跳→后退跑→鱼跃前滚翻→立卧撑等。

第二节　专项体能训练

棒垒球运动员除了具备良好的身体运动素质外,还要结合棒垒球运动项目的特点进行有针对性的专项体能训练,这样才能达到理想的棒垒球运动体能训练的效果,保证运动员的技战术水平得到充分稳定的发挥。本章就棒垒球运动员的专项力量素质、专项速度素质、专项耐力素质、专项柔韧素质、专项灵敏素质以及协调能力等素质的训练进行研究。

一、专项力量素质训练

(一)专项力量素质主要采用的训练方法

根据相关调查,在棒垒球运动项目中,教练员对运动员进行专项力量训练主要采用三种方法,即重复训练法、循环训练法和变化训练法(图 3-1)。重复训练法,尤其是短时间重复训练法对于提高棒垒球运动员的爆发力有着非常好的训练效果;循环训练法,特别是循环重复训练法,能够使场地、器材得到充分利用,这种方法对提高棒垒球运动员的快速力量有着非常好的效果;变化训练法是根据棒垒球运动员个人的适应性和训练特点来进行有针对性的改变训练内容、训练条件和训练负荷,这种方法能够给予运动员更多的刺激,提高其兴奋性,以更好地突破力量训练的障碍。

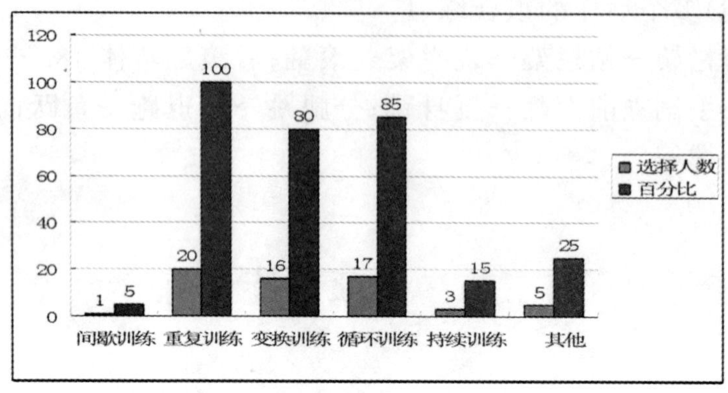

图 3-1

(二)各种专项力量素质的重要性

如图 3-2 所示，根据对棒垒球运动员各种专项力量素质重要性的调查研究表明，有 65％的教练员认为，棒垒球运动员各专项力量素质重要性的排列顺序由大到小分别为：最大力量—快速力量—力量耐力；有 25％的教练认为这种排列顺序为：最大力量—快速力量—力量耐力；调查中，剩余的教练员则认为，棒垒球运动员各专项力量素质的排列顺序为：快速力量—力量耐力—最大力量。

在棒垒球运动比赛中，需要运动员快速反应，快速力量是最为重要的因素。但是，快速力量的发挥以最大力量为基础，快速力量的发挥需要最大力量作为保障。棒垒球运动的教练普遍对于最大力量的认识存在一定的误区：很多教练员认为，最大力量的训练会导致肌纤维增粗，肌肉体积增大，从而使得人体的肌肉弹性和柔韧性受到一定的影响。

运动训练实践表明，进行最大力量训练有两种方法，第一种是增加肌肉纤维的维度，第二种则是提高神经系统的支配和控制能力，不仅使得运动者能够调动更多的肌肉纤维来参与相应的动作，还能够促进各肌群之间的协调。[①] 棒垒球运动员在最大力量训练时，应注重神经系统的支配和控制能力的训练。

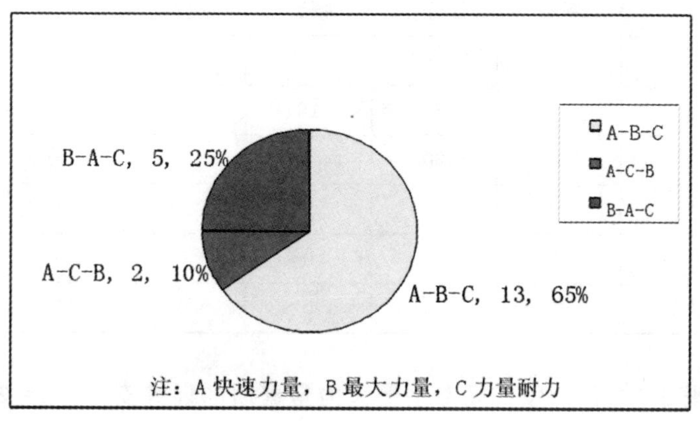

图 3-2

(三)各个阶段专项力量素质的训练安排

我国棒垒球运动员快速力量的训练如表 3-1、表 3-2 所示。通过分析该表可以发现，我国棒垒球运动员其快速力量和最大力量的训练安排表现为以下几方面的特点。

(1)快速力量安排：在准备阶段主要是每周进行 4 次左右，竞赛阶段每周进行 2 次左右，过渡阶段每周进行 2～3 次。

(2)专项最大力量素质训练安排：准备阶段每周进行 2～3 次训练，竞赛阶段每周进行 1 次训练，过渡阶段每周进行 1 次专项最大力量训练。

① 陈小平．竞技运动训练实践发展的理论思考．北京：北京体育大学出版社，2008

表 3-1　各阶段每周专项快速力量素质的训练安排　n=20

周次数	准备期		竞赛期		过渡期	
	频数	百分比	频数	百分比	频数	百分比
1	0	0			3	15
2	0	0	16	80	5	25
3	1	20	2	10	10	50
4	14	70	2	10	1	5
5	3	15	0	0	0	0
6 次以上	2	10	0	0	1	5

表 3-2　各阶段每周专项最大力量素质的训练安排　n=20

周次数	准备期		竞赛期		过渡期	
	频数	百分比	频数	百分比	频数	百分比
0	0	0	7	35	0	0
1	1	5	12	60	18	90
2	6	30	1	5	2	10
3	12	60	0	0	0	0
4	1	5	0	0	0	0
5	0	0	0	0	0	0
6 次以上	0	0	0	0	0	0

(四)快速力量练习的时间控制

调查发现,30%的教练员认为,快速力量的训练应控制在10秒钟以内;而40%的教练员认为,应将快速力量训练的时间控制在10～30秒以内;剩余的教练员则在进行快速力量训练时不以时间的为标准来进行控制(图3-3)。

棒垒球运动以短时运动为主,因此,进行10秒以内的练习能够有效促进人体ATP-CP供能能力的增强;10～30秒的快速力量练习能够能够使得人体进行部分糖酵解供能,从而对增加快速力量耐力具有积极的作用，促进快速力量的保持；如果不以时间为标准进行训练的控制，则训练效果并不理想。

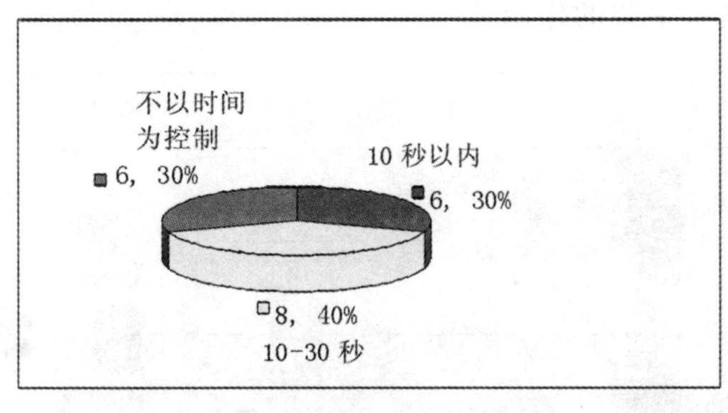

图 3-3

（五）专项力量素质的主要练习形式

棒垒球运动员一般主要采用动力性等张收缩训练方法来进行力量素质的训练。其次为等动收缩、超等长收缩、静力性等长收缩等训练方法。不同的运动训练形式，其训练的产生的效果也会有所不同。一般认为，等动力量练习效果最好，对最大力量的提高幅度最大；其次是动力性练习；静力性力量练习效果最差（图 3-4）。①

研究认为，同一肌肉，在进行离心收缩时，其力量最大，臂向心收缩产生的力量大 50％左右，比等长收缩产生的力量大 5％左右。② 所谓超等长收缩，即为肌肉做离心之后的向心运动，能够产生更大的力量。

维尔霍山斯基研究表明，发展肌肉超等长工作方式的最大速度可采用 0.6～1.68 米高度的跳深练习；最大程度地发展爆

① 王宝成，杨汉雄．竞技体育力量训练指导．北京：人民体育出版社，2001

② 全国体育院校教材委员会．运动生理学．北京：人民体育出版社，2002

发力可采用 0.9～2.20 米高度跳深练习。研究者认为，静力性力量也需要加强，其是快速力量的基础，也对促进力量较弱肌群的增强具有重要的作用。①

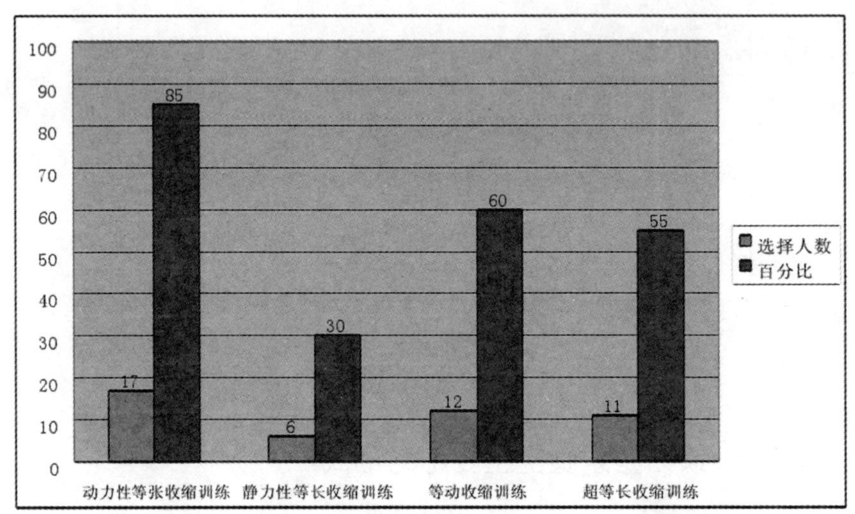

图 3-4

在棒垒球运动中，运动员的各种动作如快速起动、传球、投球和击球等都存在着肌肉的离心—向心收缩。因此，在进行力量训练时，应以超等长收缩的形式进行训练。而我国的棒垒球运动员在进行训练时，很少安排跳深练习这一主要的超等长训练形式，以为教练员担心这种训练方式对于运动员的膝盖会造成一定的损害。在对棒垒球运动员进行专项力量训练时，应适当增加超等长训练，并采取相应的措施避免运动员膝盖受伤。

（六）专项力量素质的主要练习手段

调查发现，我国棒垒球运动员的力量素质训练较少采用跳

① 王宝成，杨汉雄．竞技体育力量训练指导．北京：人民体育出版社，2001

深训练，并且全身性的整体爆发力练习也较少（表 3-3）。而美国职业棒垒球运动员多采用高翻、抓举、跳箱等方式进行训练，甚至很多人都采用举重的方式进行练习。在急性训练时，应注重动作的多维化，促进身体的全面锻炼。

表 3-3　我国棒垒球运动员专项力量素质的主要练习手段　n=20

练习手段	选择分数	练习手段	选择分数
快艇	6.6 *	挥重棒	7 *
双杠臂屈伸	4.5	俯卧抬体	4.65
哑铃内外旋肩	6.7 *	负重弓箭步跳举	5.9
立位夹臂下拉	5.85	单腿下蹲	5.75
拉橡皮条	6.55 *	弓箭步跳	6.3 *
快推	6.6 *	负重深蹲	5
单手肩抛实心球	3.35	立定跳远	5.85
快翻	6.25 *	立定三级跳	6.5 *
交换抓杠铃片	6.5 *	单脚跳	5.95
挥网球拍	3.6	蹲跳	6.3 *
指卧撑	5.35	跳箱	3.8
击掌俯卧撑	5.5	蛙跳	5.35
俯卧撑	6.75 *	高翻	5.95
哑铃快速旋转	5.67	抓举	5.4
卧推	4.4	挺举	5.75
转体仰卧起坐	7 *	负重上台阶	6.75 *
两头起	7 *	负重半(深)蹲跳举	5.85
坐姿划船	6.5 *	坐姿下拉	6.8 *
负重侧弓箭步	6.35 *	俯立挺身	4.85
引体向上	5.6	俯卧弯腿	6.8 *
双手侧抛实心球	7 *	负重弓箭步	6.85 *

（注：分值共分为七个等级：训练手段最常用为 7 分，常用为 6 分，较常用为 5 分，一般为 4 分，不太常用为 3 分，不常用为 2 分，最不常用为 1 分，"* *"最常用，"*"常用）。

(七)专项力量素质的练习方法

1. 击球核心力量练习

在棒垒球运动中,进攻队员的击球质量是决定击球员个人和全队此次进攻的关键因素。而击球质量的决定因素中,力量又是关键。在处理击球这一矛盾时,必须抓住主要矛盾及矛盾的主要方面。击球动作分为举棒、引棒、挥摆、击球、击球后动作五个部分。其中挥摆的速度力量决定了击球的力量。

(1)击球时挥摆的速度力量。击球手一侧的大臂前摆,小臂用力挥摆,手腕及食中指指根顶送的一系列动作中,大臂挥动的力量是主要决定力量;另侧手握紧棒柄并做为支点顶送是重要力量因素。

练习方法:利用"拉力力量练习器"进行练习(以下练习均以右手为例,左手反之),利用对角支撑旋转理论,练习击球动作的核心力量。

①食中指指根力量:身体前面朝向正前方,两脚横向分开站立稍宽于肩,右脚在纵向上比左脚稍向前半脚,双脚脚尖稍内扣。身体平面与拉力练习器的绳索处于垂直角度,右手食中指的指根套住把手,食中指的初始位置于身体后平面保持平面状态。以转腰、向前摆肩及大小臂的形式向前快速拉动绳索。左手随动作自然协调摆动。要求:根据练习者训练水平与力量的实际情况,选择适宜重量,5～10 千克即可。大小臂夹角为 90°～110°,小臂接近水平。练习频率为 30 次/分钟,每次练习持续 2 分钟。

②手腕力量练习:身体前面朝向正前方,两脚横向分开站立稍宽于肩,右脚在纵向上比左脚稍向后半脚,双脚脚尖稍内扣。身体平面与拉力器处于垂直角度,右手拇指与其余四指分开,以手掌半握的形式拉住拉力器。大臂发力,以肘关节为轴,手腕与前臂保持直线状态向前挥摆拉动绳索。左手随动作自然协调

摆动。要求：根据练习者训练水平与力量的实际情况，选择适宜重量，20～30千克为宜。手的高度在大臂中间部位；练习频率为30次/分，每次练习持续2分钟。

③手臂力量练习：身体前面朝向正前方，两脚横向分开站立稍宽于肩，右脚在纵向上比左脚稍向后半脚，双脚脚尖稍内扣。手腕稍前屈握住拉力器把手，在手臂紧张但拉力为0的状态下，右脚蹬地，腰腹用力向左前扭转的同时，右手开始向前快速向身体正前方拉动拉力器。左手随动作自然协调摆动。要求：根据练习者训练水平与力量的实际情况，选择适宜重量，30～50千克为宜。快拉慢回，肩部用力向前顶送，20次/分，每次练习持续3分钟。

(2)腰在横轴方向扭转的速度力量。这也是击球动作的主要力量，是决定击球力量与质量的核心力量(以右手为惯用手为例，下同)。

①同伴以手顶肩练习：力量大体相当的两名运动员，一人练习，另一人以手顶肩辅助。练习者双脚平行站立，与肩同宽，左脚比右脚稍向前1/3脚左右，双脚脚尖稍内扣。协助者右手掌心向前，掌尖向上，以掌心抵住练习者右肩。练习者在持续抵抗静力的情况下，身体先向右后转，继尔右脚发力向右后下方蹬地，通过拧腰转肩，以肩用力顶送辅助者的手掌。要求：协助者推顶的力量，以保证练习者能以最快速度顶送为原则。练习者每一次顶送完成后，动作回位要在抵抗持续静力的情况下，慢慢回位。向前发力时，要全身协调用力，以最快的速度完成动作。练习8次为一组，然后两人轮换，每次练习4～6组。

②弹力带拉肩练习：利用弹力带(也称拉力练习器)进行扭转的肩部力量练习。练习者双脚平行站立，与肩同宽，左脚比右脚稍向前1/3脚左右，双脚脚尖稍内扣。练习者右手穿过弹力带回形扣，将弹力带挂于右肩。身体右转，以后转时弹力带刚达最长自然长度为宜。练习者右脚发力向右后下方蹬地，通过拧腰转肩，向前拉动弹力带。要求：根据练习者训练时间长短及力

量情况，使用 40～60 千克重量进行练习，以练习 10 次即达到疲劳状态为宜。练习时慢收快拉，练习 8 次为一组，每次练习 4～6 组，组间休息 2 分钟。

③仰卧转髋练习：以平衡球（瑞士球）为器材，练习者仰卧于练习垫上，双手张开掌心向上水平伸开置于地面，小腿和大腿成垂直角度放于健身球上方，眼睛看天花板。保持小腿和大腿成 90°，躯干和大腿成 90°的状态。用大小腿夹住健身球，向左右两侧进行转髋练习。要求：注意转髋过程中肩部固定不动，臀部不全部离开地面。20 次为一组，每次练习 3 组。

（3）下肢蹬、转的快速力量。

①负重蹬转：以练习者最大负重的 60％为负荷，在半蹲位上，利用链条或弹力带辅助，进行负重蹬转练习。以提高下肢蹬转的力量与速度。

②无负荷快速蹬转：不借用器材，采用无负重的方式，右脚快速向右后下方蹬地，同时完成转腰顶肩。

③借力挺（借力推）：借助腿部，腰部，臀部的力量完成借力的站姿推举，对于提高上下肢的配合能力，上肢肩部力量，下肢的侧膝力量都有很好效果，特别是因为很多爱好者采用弓箭步的方式，会对于膝盖的稳定有一定的训练效果。方法同样比较简单，即挺举的上送过程。

要求：要求训练者在训练时当杠铃拉到臀部时陡然发力，耸肩，提踵。脚后跟必须以最快的速度，最大限度的离开地面。同时在重心下降的过程中，踝关节要紧张支撑。每 4～6 次为一组，练习 3 组为宜。

2. 投球的力量练习

（1）弹力带（拉力器）辅助上肢力量练习

上手投球的上肢力量练习（以棒球为主）：双脚前后站立，脚尖稍内扣。躯干稍右转，左肩正对前方，头左转，与左肩方向一致。弹力带固定端设与肩平。右手向右后伸展，掌心向上握住弹力带，整个身体在一个平面内。右手自上向前挥摆，肘关节在挥摆过程中翻转向上，以肘领前带动小臂向正前方挥动，最后小臂向前伸至与肩平。在右臂向前拉动弹力带的同时，右脚蹬地发力，过渡到左脚为支撑，整个身体向前方探出，双膝稍弯。

下手投球的上肢力量练习（以垒球为主）：双脚前后站立，脚尖稍内扣。躯干稍右转，左肩正对前方，头左转，与左肩方向一致。弹力带固定端设与膝关节高度。右手向右后伸展，掌心向下握住弹力带，整个身体在一个平面内。右手自右后经身体右侧下方向前挥摆，肘关节在挥摆过程中保持伸展，以右手腕带动小臂向正前方挥动，最后小臂向前伸至与肩平。在右臂向前拉动弹力带的同时，右脚蹬地发力，过渡到左脚为支撑，整个身体向前方探出，双膝稍弯。

要求：练习时，身体协调，右脚蹬转稍早于右手动作，完成身体超越器械。负重在 20～30 千克状态下，练习右手臂力量，8 次为一组，每次练习 6～8 组；然后负重 1～1.5 千克，以最快速度练习右手臂挥摆速度。6 次为一组，每次练习 6～8 组。

（2）弹力带辅助腰部力量练习

双脚前后站立，身体斜向前方，脚尖稍内扣，右脚脚前掌着地。右肩套住弹力带，在弹力带预紧张的状态下，右脚蹬地，左脚支撑，身体向左前下方用力，利用蹬地扭腰的力量，右肩向左前方扭转探出。根据训练水平与队员实际情况调整负荷，负重为 40～60 千克为宜。20 次为 1 组，每次练习 8～10 组。每一次扭转牵拉，须尽全力以最快的速度完成。

3. 跑垒的速度力量练习

在棒垒球场地或田径场地上，地面固定两条训练用弹性皮带。分别套于练习者双脚踝上。练习者手扶固定把手，双脚以快频高速方式向前跑动。练习 6 秒后快速脱掉皮条全力加速跑 30 米；放松跑慢慢跑回，套上皮条进行下次练习。重复 8～10次。

二、专项速度素质训练

(一)专项速度素质主要采用的训练方法

我国棒垒球运动员的专项速度素质训练多采用重复训练法和变化训练法(图 3-5)。重复训练法的时间一般控制在 10 秒以内,变换训练主要对训练的内容、负荷和环境等方面进行相应的调整,以对运动员产生积极的刺激(图 3-5)。

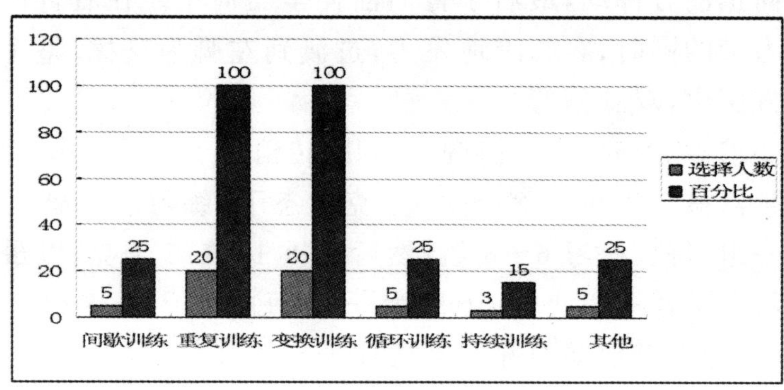

图 3-5

(二)各专项速度素质的重要性

在棒垒球运动中,投球、汲取和传球等动作都是在瞬间完成的,因此需要运动员具有较快的反应速度、起动速度、动作速度和位移速度,相关的研究证实了一个观点。图 3-6 为学者进行了调查,反映了教练员对于各速度素质的重要性的认识。

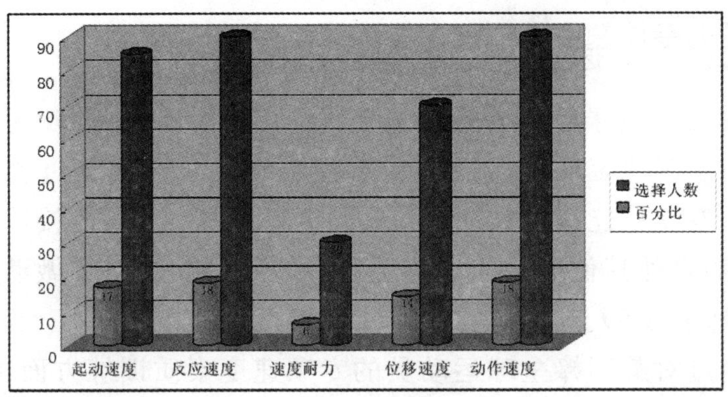

图 3-6

(三)各阶段专项速度素质的训练安排

在制定运动训练计划时，不同的训练阶段，其专项速度素质的训练都有其一定的阶段性特点。如表 3-4 所示，我国棒垒球运动员在准备期以每周 2～3 次专项速度素质训练为主；在竞赛期，则是以每周 3 次专项速度素质训练为主；在过渡期，则每周进行 1～2 次训练为主。

表 3-4　各阶段每周专项速度素质的训练安排　n＝20

周次数	准备期		竞赛期		过渡期	
	频数	百分比	频数	百分比	频数	百分比
1	0	0			9	45
2	9	45	4	20	11	55
3	8	40	15	75		
4	2	10				
5	1	5	1	5		
6 次以上	2	10				

(四)专项速度素质的主要练习手段

我国棒垒球运动员的专项速度素质训练的手段较为多样,这是由于其比赛的多变性和复杂性决定的。在训练过程中,除了一些专项技能速度素质训练(如一垒跑、二垒跑、传接球、交叉步跑等)之外其他形式的训练手段,如牵引跑、看信号做动作、50米跑等(表3-5)。

通过对美国棒垒球运动员的专项速度素质训练方面进行分析,可以发现,其注重各种跑的训练,将其作为速度素质训练的重要手段。其更加注重训练的多维化,强调训练的功能性,并将各种素质素质结合在一起进行训练。与之相比,我国的棒垒球运动员的专项速度素质训练形式相对较为单一。

表3-5 我国棒垒球运动员专项速度素质的主要练习手段 n=20

练习手段	选择分数
10米跑	6.05
一垒跑	7
二垒跑	6.75
三垒跑	5.8
全垒跑	5.1
50米跑	5.35
接反应球	6.8
听口令做动作	6.4
看手势做动作	6.5
传接各种变化球	7
牵引跑	6.3
阻力跑	6.15
上坡跑	5.4
下坡跑	4.8
变速跑	5.9
交叉步跑	6.35

续表

练习手段	选择分数
快速挥绳	6.6
快速挥棒	7
快速投球	7

（注：分值共分为七个等级：训练手段最常用为 7 分，常用为 6 分，较常用为 5 分，一般为 4 分，不太常用为 3 分，不常用为 2 分，最不常用为 1 分，“＊＊”为最常用，“＊”为常用）

三、专项耐力素质训练

（一）专项耐力素质主要采用的训练方法

对于棒垒球运动而言，其对耐力素质的要求不高。专项耐力素质即为运动员长时间持续或重复保持最佳技术动作的能力，现阶段，我国棒垒球运动员主要的训练方法包括重复训练法和循环训练法。这两种训练方法对于运动员的磷酸原的无氧供能能力的提高具有重要的促进作用。另外，间歇训练法、变换训练法和重复训练法也是较为重要的训练方法（图 3-7）。

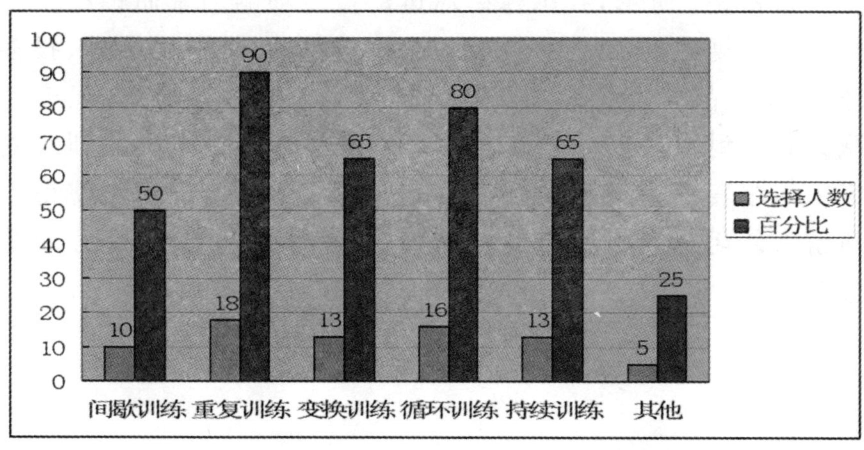

图 3-7

(二)各阶段专项耐力素质的训练安排

对于我国运动员的调查研究发现,其在准备期每周安排专项耐力素质训练 2～3 次;在竞赛其则不进行或进行 1 次训练;在过渡期的次数与准备相同。具体调查内容可见表 3-6。

表 3-6 各阶段每周专项耐力素质的训练安排 n＝20

周次数	准备期		竞赛期		过渡期	
	频数	百分比	频数	百分比	频数	百分比
0	2	10	8	40	0	0
1	2	10	10	50	2	10
2	8	40	0	0	12	60
3	6	30	2	10	4	20
4	2	10	0	0	0	0
5	0	0	0	0	0	0
6 次以上	0	0	0	0	2	10

(三)专项耐力素质的主要练习手段

如表 3-7 所示,我国棒垒球运动员专项耐力素质训练主要是采用重复跑 1－2－3－本垒、多次传接球、挥棒击多球、投多球、多次技战术配合练习、投手 10 秒～1 分钟拉橡皮条、变速跑。专项耐力的安排不宜过多,我国运动员的相关的训练的突出问题表现为运动的强度和运动量掌握不当,从而使得专项耐力练习过多,尤其是糖酵解无氧耐力和有氧耐力训练过多。

表 3-7 我国棒垒球运动员专项耐力素质的主要练习手段 n=20

练习手段	选择分数
多次跑 1—2—3—本垒	6.0*
5～60 米穿梭折返跑	4.3
多次传接球	7.0**
挥棒击多球	7.0**
投多球	7.0**
多次技战术配合练习	7.0**
10 秒～1 分钟拉橡皮条	6.75*
变速跑	6.6*
1 600 米	5.6
3 200 米	5.2

(注:分值共分为七个等级:训练手段最常用为 7 分,常用为 6 分,较常用为 5 分,一般为 4 分,不太常用为 3 分,不常用为 2 分,最不常用为 1 分,"**"最常用,"*"较常用)

四、专项柔韧素质训练

(一)专项柔韧素质主要采用的训练方法

专项柔韧素质是保证技术动作完成的重要条件,也是运动员减少运动损伤的重要途径。通过专项柔韧素质训练,能够使得肌肉更加协调,提高本体感受能力。我国棒垒球运动员主要采用动力和静力拉伸法来提高柔韧性,而对 PNF(Proprioceptive Neuromuscular Facilitation,本体感觉神经肌肉促进法)法采用的较少(图 3-8)。与我国运动员相比,美国的运动员更加注重柔韧素质的训练,并采用多种方法进行训练。

在进行柔韧素质训练时,最佳的拉伸训练时间应在 1 分钟左右,如果持续训练的时间较长,则可能导致肌肉的轻微撕裂。

因此，在运动训练时，可在准备活动部分增加柔韧和伸展训练的环节，在专项柔韧素质训练中，应以中低强度的静力和动力伸展为主。①

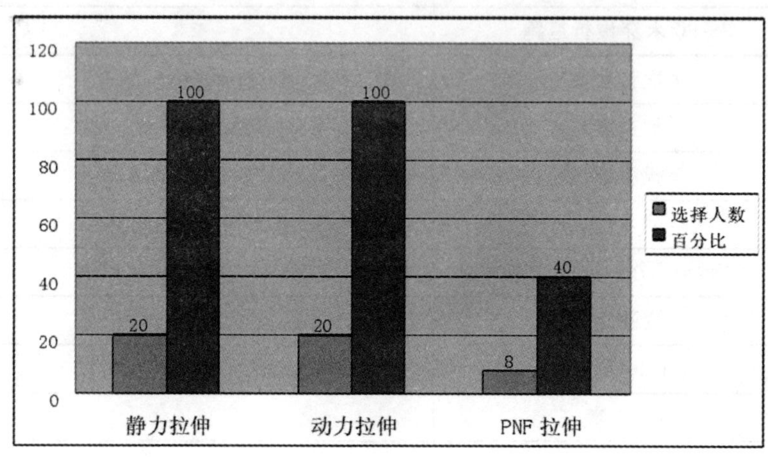

图 3-8

（二）各阶段专项柔韧素质的训练安排

柔韧素质训练应经常进行，我国的大部分棒垒球运动员的在各个阶段的训练均达到每周 6 次以上（表 3-8），并且各种形式的训练一般安排在训练的开始阶段和训练的结束阶段进行（图 3-9）。在实际训练过程中，其主要问题为：运动员进行的柔韧训练多为专项素质训练，而专项柔韧性的训练较少，并且专项柔韧性的训练次数、时间和动作幅度等方面都有待进一步发展提高。很多运动员对于专项柔韧素质的重视程度不够，使得我国运动员的专项柔韧素质普遍较差。因此，运动员应高度重视专项柔韧素质训练，而不应将其仅仅作为一种运动前的热身和运动后

① [美]Bill Foran 著；袁守龙，刘爱杰译．高水平竞技体能训练．北京体育大学出版社，2006

的放松。

表 3-8 各阶段每周专项柔韧素质的训练安排 n=20

周次数	准备期		竞赛期		过渡期	
	频数	百分比	频数	百分比	频数	百分比
4	0	0	0	0	2	10
5	4	20	2	10	5	30
6 次以上	16	80	18	90	12	60

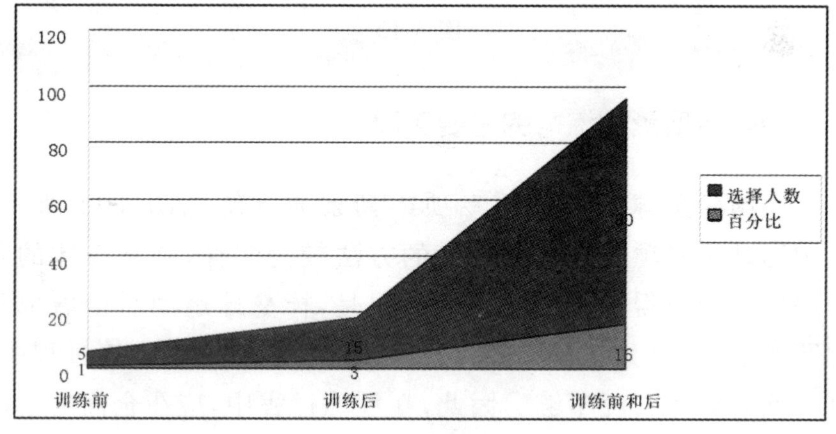

图 3-9

(三)专项柔韧练习的顺序

调查发现,大部分的教练员认为,棒垒球运动员的专项柔韧素质训练应从上肢的柔韧性训练开始(图 3-10)。但是,运动训练实践表明,棒垒球运动员在进行专项柔韧素质训练时,应从核心肌肉群的柔韧性训练开始,然后再进行下肢和上肢的柔韧性训练。在核心肌群柔韧性发展的基础上,能够更好地促进其他部位的柔韧性训练,因此我国运动员应积极转变专项柔韧素质训练的顺序。

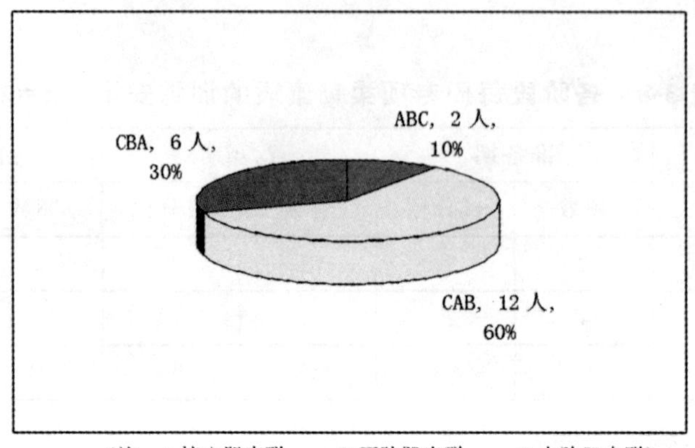

（注：A 核心肌肉群 ，B 下肢肌肉群 ， C 上肢肌肉群）

图 3-10

（四）专项柔韧练习的主要手段

我国棒垒球运动员的专项柔韧素质训练如图 3-11 所示。我国运动员专项柔韧素质训练的方法较为多样，并且身体的各个部位都能够得到有效的锻炼。但是，棒垒球运动对于肩部和腰胯部位的柔韧性要求较高，我国运动员在柔韧性训练过程中，这方面的训练强度不够。因此，在训练过程中，应在全面的基础上抓住训练的重点。

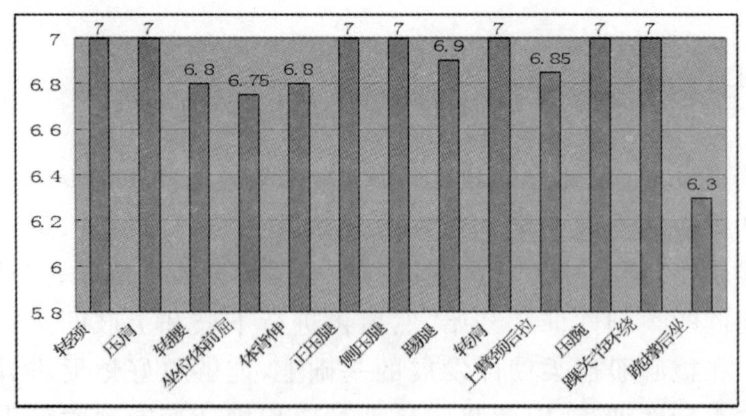

（注：分值共分为七个等级：训练手段最常用 7 分，常用 6 分，较常用为 5 分，一般为 4 分，不太常用为 3 分，不常用为 2 分，最不常用为 1 分）

图 3-11

五、专项灵敏素质训练

(一)专项灵敏素质主要采用的训练方法

在专项灵敏素质训练过程中,变换训练法和重复训练法是应用最多的训练方法(图 3-12)。在进行该项训练时,训练的时间应较短,并且训练的间隔休息时间也应稍长,训练时应保证运动员精神高度集中。在训练时,一般将该项训练安排在训练课的前半部分。

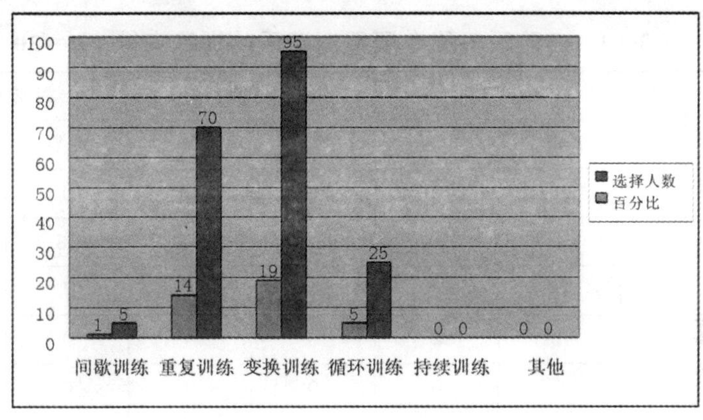

图 3-12

(二)各阶段专项灵敏素质的训练安排

调查发现,我国棒垒球运动员专项灵敏素质的训练在准备其以每周 2 次训练为主,在竞赛期则是以每周 3 次为主,在过渡期则一般为每周急性 1 次(表 3-9)。而我国运动员的专项平衡素质的训练如表 3-10 所示。在准备期,专项平衡素质的训练一般为 2 次;在竞赛期,一般进行 1 次训练即可;在过渡期,平衡素质的训练在 1～2 次。

表 3-9　各阶段每周专项灵敏素质的训练安排　n=20

周次数	准备期		竞赛期		过渡期	
	频数	百分比	频数	百分比	频数	百分比
1	2	10	1	5	16	80
2	15	75	4	20	2	10
3	1	5	12	60	2	10
4	1	5	3	15	0	0
5	1	5	0	0	0	0
6 次以上	0	0	0	0	0	0

表 3-10　各阶段每周专项平衡素质的训练安排　n=20

周次数	准备期		竞赛期		过渡期	
	频数	百分比	频数	百分比	频数	百分比
0	0	0	2	10	0	0
1	4	20	17	85	13	65
2	15	75	1	5	7	35
3	1	5	0	0	0	0
4	0	0	0	0	0	0
5	0	0	0	0	0	0
6 次以上	0	0	0	0	0	0

(三)专项灵敏素质的主要练习手段

我国运动员专项灵敏素质训练的手段多样,如各种跑跳的练习、各种传接练习等(表 3-11)。与之相比,美国棒垒球运动员运动训练过程中,更加强调不同方向、不同距离和不同动作的组合训练,注重培养运动员在不同位置的专项灵敏素质。

在棒垒球运动项目中,运动员大多数的专项动作都是在非平衡状态下完成的,这就需要运动员要具备良好的平衡能力。现阶段,我国运动员的训练开始引进国外的各种训练器材和设备，对于运动员的平衡能力和稳定能力的重视程度不断提高。

表 3-11　我国棒垒球运动员专项灵敏素质的主要练习手段　n=20

练习手段	选择分数
不同距离折返跑	6.65 *
“T”型跑	5
“8”字型跑	3.35
“L”型跑	3.3
“半米”型跑	4.3
“Z”型跑	4.05
“十”字跑	5.5
双摇跳绳	6.4 *
立卧撑	5.8
瑞士球练习	6.9 *
平衡垫接、传、击球	6.05 *
平衡板接、传、击球	4.65
单腿闭眼站立	4.3
平衡轴接、传、击球	3.6
单腿下蹲	5.8
单腿前脚掌支撑	3.6
侧跨跳平衡练习	4.65
悬吊平衡训练	4.85
旋转跳	6.1 *
俯卧控体	6.05 *

（注：分值共分为七个等级，训练手段最常用为 7 分，常用为 6 分，较常用为 5 分，一般为 4 分，不太常用为 3 分，不常用为 2 分，最不常用为 1 分，“ * ”常用）

六、协调能力训练

在棒垒球运动员体能训练中，每一种专项运动素质的训练都不是单独进行的，即在训练一种专项运动素质时，也会对其他的运动素质产生影响，这种影响可能是积极的，也可能是消极的。在专项运动素质训练中，只要将各项运动素质有机结合起来，使之协调配合，才能达到理想的训练效果。因此，这里就棒垒球运动员的协调能力训练方法进行介绍。

（一）前滚翻

目的：提高前庭器官的空间感觉以及头、手、腰、背、臀之间的相互协调能力。

方法：首先身体成蹲撑姿势，向前移动重心，同时两脚向后下方蹬地，两腿蹬直，并在此过程中屈臂、低头、提臀，在两手撑地前用头的后部着地，然后经脑、背、腰、臀部位依次向前滚动。在背部着地时，要注意快速收腹屈膝，上体紧跟大腿团身抱腿成蹲立姿势。

要求：在身体向前滚动到背部着地，使腿与地面成45°夹角时，要快速收腹，上体要紧跟大腿团身抱腿。

（二）后滚翻

目的：提高身体的协调能力和前庭器官的空间感觉。

方法：由蹲撑开始，身体稍前移，接着直臂顶肩推手低头拱背团身后滚，依次经臀、腰、背向后滚动，两手迅速屈臂抬肘翻腕置于肩上（掌心向后），当头部着地时两手用力推地撑起翻转成蹲撑。

要求：屈臂抬肘时夹肘翻腕置于肩上（掌心向后）。

（三）鱼跃前滚翻

目的：提高身体前庭器官在运动中的判断、应激和协调能力。

方法：由半蹲两臂后举姿势开始，两臂前摆，同时两脚蹬地，向前上方跃起，身体腾空时保持含胸、紧腰、梗头，髋关节大于90°，腿处臀部水平位。接着两臂前伸撑地、屈臂、低头经后脑着地做前滚翻。

要求：腿用力蹬地后积极上摆、紧腰。

（四）模仿做对侧动作

目的：提高运动员上下肢的协调能力。

方法：练习者站于同伴身后，学习一套新的徒手操，模仿同伴做与之相反的动作，即同伴出左手，练习者则出右手，依次类推。

要求：在练习过程中，运动员要通过增加动作难度和组合变化来提高自身的协调能力。

（五）交叉跳绳

目的：提高运动员上下肢协调能力和身体平衡能力。

方法：在正常跳绳的基础上，运动员两手交叉摇绳，每摇1～2次，单脚或双脚跳长绳一次。

要求：在熟练技术动作的基础上，运动员要增加每跳摇绳的次数。

（六）双人跳绳

目的：提高运动员与同伴之间的相互合作协调能力。

方法：两名运动员各自拿绳子的一端进行摇绳，当绳子摇到最低点时，两人手拉手同时跳起，跳 3～5 次后快速跑出。

要求：在跳绳的过程中，两名运动员的动作要同步一致。

（七）跑的练习

采用跑的形式提高运动员协调能力的练习主要有后踢跑练习、快速转身跑、快速后退跑、交叉步前进或后退练习等。

目的:提高运动员的协调能力。

方法:在正常跑步的基础上,运动员要结合各种步法、方向变换、踢腿的改变来使身体的各个部位都得到训练,提高身体各部位之间的相互协调能力。

要求:在练习过程中,运动员要通过多种变化跑的组合来提高自身的协调能力。

(八)单足跳

目的:促使运动员协调能力的提高。

方法:运动员在约 20 米的距离上往复连续做左右腿交替的单足跳,为了增加练习难度,可以将腿上抬的高度提高。

要求:每次单足跳,一组要往复 4 次。

(九)单足跳与前摆

目的:通过针对运动员下肢进行训练,提高运动员下肢的协调能力。

方法:在单足跳的基础上,当运动员上抬腿后要积极向前摆腿,可在往复 20 米的距离上练习,两腿交替重复练习。

要求:在练习时,要尽量将腿抬至最大高度,一组练习要往复 4 次。

(十)蹬山走

目的:提高运动员身体的协调能力。

方法:在长约 20 米的距离上,运动员往复做轻快地登山走(由脚尖过渡到脚跟),连续伸展左、右踝关节。

要求:为了更好地缓冲膝关节受到的冲击力,在每次做登山动作时,要将膝关节略微弯曲。

(十一)弹簧走

目的:提高运动员的协调能力。

方法:在长约20米的距离上,运动员往复做短距离的"弹簧步",动作幅度尽量要大,使踝关节得到充分伸展。

要求:整个练习过程中,一定要保持用前脚掌着地。

(十二)肩绕环

目的:提高运动员上肢间的协调能力。

方法:两脚开立,约与肩同宽,将两手臂伸直上举,掌心相对;两手臂分别以肩关节为轴,一只手臂向前进行绕环,同时另一只手臂向后进行绕环;两手臂绕环方向相互交替重复进行练习。

要求:每次绕环5次,再两臂交换练习,两臂伸直。

(十三)纵跳

目的:提高运动员的协调能力。

方法:双脚并拢,两臂上摆向上跳,连续跳跃,可结合前后跳、跳起后转向180°、向左向右跳。

要求:落地屈膝缓冲,连续完成动作,重复练习。

(十四)立卧撑跳起转体360°

目的:提高运动员上下肢和身体的协调能力。

方法:由俯卧撑姿势开始,双腿屈膝抬大腿,成全蹲。起立后即刻双脚蹬地全力、快速纵跳,双臂稍带力上摆,在空中转体360°。衔接下一个动作时要迅速屈膝下蹲,在双手即将撑地的同时,双脚向后伸蹬,成俯卧撑。连续进行。

要求:落地屈膝缓冲,连续完成动作,重复练习。

(十五)全身波浪起

目的:提高运动员上下肢和身体间各大小肌群的协调能力。

方法:由双腿开立,两脚间距离略与肩同宽。先做直腿体前屈,然后依次进行向前跪膝(收腹、含胸、低头)、向前挺髋(收腹、含胸、低头)、向前挺腹(含胸、低头)、挺胸、抬头,成反的 s 形波动,两臂在体侧绕环,重复练习。

要求:练习时,动作要顺畅、柔和。

(十六)身体不协调动作组合练习

目的:提高运动员上下肢和身体的协调能力。

方法:运动员上右步的同时右手上举,上左步的同时左手上举,右步后退右手叉腰,左步后退左手叉腰,变换节奏。

要求:在进行练习时,可以根据不同的训练要求,来选择适宜的练习方法。

(十七)综合练习

目的:提高运动员身体的协调能力。

方法:将上述练习方法进行组合来进行训练。

要求:所选择的组合练习要至少包括 5 个动作,并且要有至少 2 个方向的变化。

七、反应判断能力训练

(一)对速度与力量的判断能力

棒垒球运动,要求所有的运动员,对于球的速度与力量、弧线、旋转的方式,提前做准确的判断。

提高判断球的状态的方法有很多。目前采用较多的,一是录像观察法：对于优秀投手的动作及球的飞行状态进行录像，在慢放的状态下，仔细研究投手在投球出手瞬间手上动作、球的飞行弧线与空中的旋转状态、经过打击区时球的轨迹，以此提高运动员对球状态的判断。对于防守队员之间传接的球，球的状态多为不旋转、侧向旋转或下旋为主。根据距离，球速与旋转的情况也不相同。在录像慢放的状态下，可以分析总结各种距离和传球动作下，传出球的特点。对于击球员击出的球，同样可以通过录像慢放的方式，研究高空球、平击球的特点与状态，对于更好的提高对球的速度与力量的判断能力，有较好的作用。二是多球练习法：通过多打、多接、多练提高对球的判断能力。利用队友之间的抛、投；或发球机设定旋转与速度、发球频率，提高在各种状态下运动员对球状态的判断。

（二）接手的反应与判断力训练

运用发球机，采取多球训练法的方式，训练接手的反应能力与对球速、旋转的判断能力。在距离发球机 21 米（或 15 米）的距离上，接手装备齐全，接发球机射出来的各种角度与旋转的球。

要求：最初练习时，发球机的发球速度设定为 60 千米/小时的速度。竞技水平相对较高的运动员，发球速度逐渐调高。发出球的高度设定在有效区域为 60～130 厘米高，110 厘米宽的区域内。世界上最优秀的投手，投球的速度甚至接近 170 千米/小时。发球机投球的速率设定为 12 次/分。练习 3 分钟为一组，每次练习 10 组。

第三节　创新模式在棒垒球体能训练中的应用

一、分层次教学模式

分层次教学模式是在传统教学模式的基础上通过改进而发展出来的一种新的教学模式。传统教学模式不能有针对性地区别对待不同层次的学生，而分层次教学模式刚好可以弥补这一缺陷。通过运用“分层”的教学方法，能够使教学模式更加符合运动员的身心特点，更加贴近运动员的实际情况，可以进一步调动学生学习的积极性，促进棒垒球运动教学质量的全面提高，以达到棒垒球运动教学的目的。

分层次教学模式更好地贯彻了从实际出发的教学原则，对于教师进行因材施教有很好地促进作用。该教学模式在棒垒球教学过程中的利用可以更好地调动运动员的积极性，使运动员更加主动地参与练习。对于身体素质好的运动员来说，他们的动作完成质量与他们良好的身体素质有着很大的关系，而且这类运动员在练习时勇于挑战自我；对于身体素质较差的运动员来说，他们所练习的动作应与他们的接受能力相符合，这样才能激发他们的练习兴趣。

分层次教学模式对树立运动员的自信心有着很好地促进作用。在分层教学模式的应用中，运动员面对的都是与自己处于同一水平的运动员，使运动员由于运动水平差异而造成的心理压力得到很好的缓解与消除，运动员能够在练习过程中使自己的潜能得到充分的发挥，进而树立自信心。

综上所述，分层教学在棒垒球运动教学中有利于实施因材施教，发挥每个运动员的学习潜能；有利于充分激发和调动运动员学习棒垒球运动的兴趣，为运动员终身从事棒垒球运动打下良好的基础；分层教学能够更好地实现棒垒球运动教学目标。因此，在以后的棒垒球运动教学中，要继续坚定并向其他有条件的项目推广经验，实施分层教学，以促进棒垒球运动教学质量的全面提高。

二、动式优化型教学模式

（一）动式优化型教学模式的构成与实施

1. 动式优化型体育教学模式构建的内涵

动式优化型体育教学模式是不固定、灵活多样的多元化体育教学模式的优选和组合。这种体育教学模式是由绥化学院在动式教学模式理念的启发下提出的。它是在对不同的教学目标和不同的教学内容进行充分考虑的基础上，通过分析运动员的不同需求而对相应的众多教学模式进行很好的优选组合，从而形成一种良好的教学模式。根据棒垒球运动教学的特点，在棒垒球教学中所采用的动式优化型体育教学模式是：分层教学模式与课内外一体化教学模式的配套组合。

2. 分层教学模式的实施过程

分层教学就是在原有教学班的基础上，在不改变原有教学计划的前提下，根据不同教学群体的特点来选择不同的教学方式和手段，并设立不同的教学难度标准。根据运动员的兴趣爱好、性格特点、运动水平、兴趣爱好、个人意愿、棒垒球技术水平等，将条件相近的运动员划分为三个教学层次，即休闲组、技能组和竞技组，这三个教学层次之间的运动员比例控制在 2∶3∶1 之间；根据各个层次运动员的实际情况来对教学目标、教学方法和教学对象进行设计（表 3-12）。在运用这种模式时，必须要告知运动员各个层次之间没有优劣之分，而是根据运动员的个体差异来进行的，每一个层次都只是在一定的区域和时限内保持相对稳定的状态，也就是说，其发展是相对化，而分化是经常的。在对运动员进行研究和观察时，要注重运用发展和动态的观点，同时还要根据运动员发展的意向和具体情况灵活地作出调整。对运动员进行考核主要是根据运动员在学习过程中的表现、学习态度、在原有基础上棒垒球技术提高的幅度进行衡量，使运动员消除顾虑，以积极的心态来选择适合自己的分成组别。

表 3-12　分层教学模式实施过程

分层组别	教学目标	教学方法	教学对象
休闲组	在娱乐休闲的过程中使运动员掌握棒垒球技术，提高身体素质，并在学习的过程中使运动员体验到成功的快乐，具备基本的棒垒球运动能力，形成良好的锻炼习惯和参与体育的意识	分解教学法，自主教学法，激励教学法，情感教学法，小团队教学法	身体素质、运动能力能力较差具有个性的运动员
技能组	使运动员较为熟练的掌握棒垒球技能，并运用该技能进行体育锻炼，提高自身的身体素质，使运动员在锻炼的过程中体验到运动的乐趣，掌握锻炼方法，形成积极的学习态度	自主教学法 同步教学法 情感教学法 激励教学法 小团队教学法	有较好身体素质和运动能力，对棒垒球技术有较高要求的运动员
竞技组	使运动员的棒垒球技术水平和身体素质达到较高的水平，充分体验棒垒球运动的快乐与刺激。具备参加更高级别的棒垒球竞赛，展示运动员的自我实现的价值。使运动员的骨干带头作用得到充分发挥，进而使自己的能力得到锻炼与提高	团队教学法 自主教学法 竞技教学法 激励教学法 对比教学法	具有体育天赋，对棒垒球技能有更高要求的运动员

3. 课内外一体化教学模式的实施过程

课内与课外一体化教学模式是指使课堂教学活动与课外体育活动相互结合，有针对性地将课内与课外、学习与锻炼、专项活动与竞赛活动进行结合，使运动员参与锻炼的时间得到延长，从而全面提高运动员的综合素质，掌握更多的运动技能。教师要根据三个不同层次的教学组有计划地将课内与课外有机地结合起来，并以小团队或分散式的形式来合理安排运动员的课外体育锻炼内容，做到以运动员为主体，将运动员学习的自觉性和主动性充分发挥出来。另外，还要充分发挥和调动各层次小组长和体育骨干的作用，使运动员的棒垒球技术水平和运动能力得到最大限度的提高，更好地培养运动员自我锻炼、自我管理的能力，促进运动员的体育运动能力全面发展。

（二）动式优化型教学模式的应用建议

（1）运用动式优化型体育教学模式要在以运动员为主体的基础上，使运动员学习的自觉性和主动性得到充分激发，使运动员养成良好的棒垒球运动锻炼习惯，从而为运动员的终身体育打下扎实的基础。

（2）分层教学模式是根据不同的棒垒球教学目标和不同的棒垒球教学内容，以及各个层次运动员的不同需求而构建起来的。所以，在具体实施的过程中，应根据棒垒球运动教学中的具体情况，来对各个层次、不同需求的运动员进行有针对性的教学，进而使运动员的需求得到最大限度的满足，提高棒垒球运动教学的质量和运动员的学习效率，从而优化棒垒球教学的效果。

（3）动式优化型体育教学模式通常选择分层教学模式和课内外一体化教学模式及相应的教学方法，这种教学模式更加适合在棒垒球课中进行应用，能够满足运动员不同的学习需求和价值取向。

三、多元智能训练模式

在棒垒球运动训练的过程中，运动员只用到一种智能是不可能的，这主要是从神经学的视角来得出的结论。人类的大脑处于不断的工作中，然而其工作的方式并不单一。在棒垒球训练过程中，运动员的智能会通过这样或那样的参与到训练中。在一次练习中，运动员将多种智能整合运用其中，能够将自身的运动潜能充分激发出来，从而能够大大地提高训练效果。

在棒垒球运动训练中，要以不同的训练内容与任务为依据，对运动员的不同优势智能进行充分考虑，从而对具体的训练模式与策略进行有针对性的选择，将传统的陈旧的不科学的训练模式打破，对运动员的积极思维进行有效的启发，使所选的训练策略与模式与运动员的个性特点相符，如此才能提高训练效果。

由于不同运动员所擅长的智能是有差别的，有些运动员擅长这项智能，所以相比较而言在训练中其他智能就显得比较弱。训练内容、目标及方法的多样性一定程度上取决于运动员智能潜能的多元性。根据多元智能理论模式，在棒垒球运动训练的实践过程中要尽量将运动员个人独特的智能组合的作用充分发挥出来。多元智能训练模式在棒垒球运动训练中的总体程序结构如图 3-13、图 3-14 所示。

多元智能训练模式在棒垒球运动训练实践中的运用有利于促进教练员与运动员之间相互合作的加强，有利于促进运动员之间，教练之间等人际之间沟通能力的提高，从而有利于全面提高运动员的智能水平，将传统的棒垒球教练安排什么，运动员就自然地练习什么的模式打破。与此同时，在运用这一训练模式的过程中，也要对运动员进行积极的鼓励和引导，使其通过多种方式展现自我，促进其自信心的增强，也使其对自我评价的规律进行掌握与运用。对多元智能训练模式的运用有利于促进棒垒球运动训练效果的大幅提高。

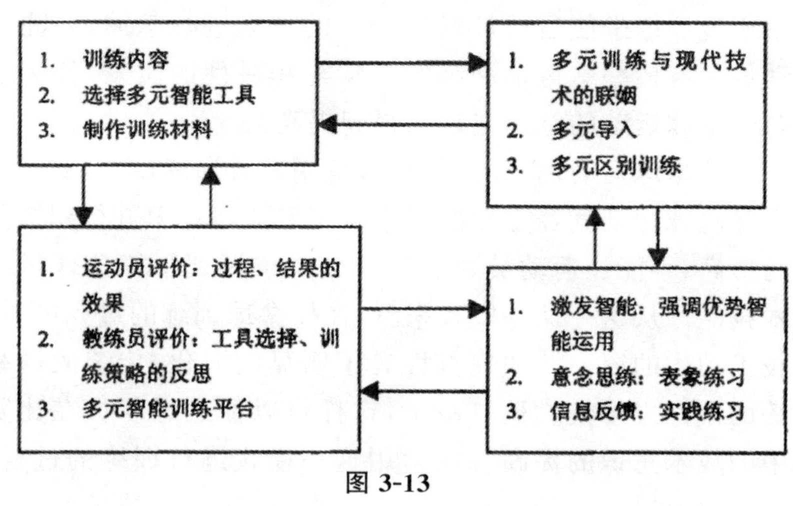

图 3-13

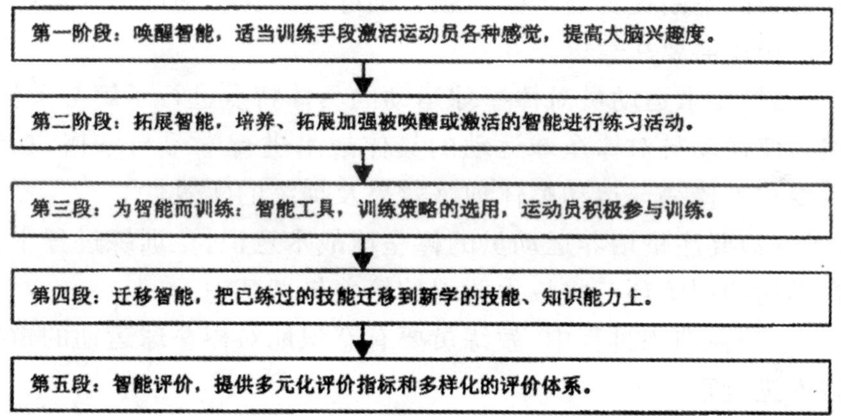

图 3-14

四、领会训练模式

相比传统的棒垒球教学与训练方式，领会训练模式重点强调的是将棒垒球运用的特性对运动员进行说明，而且在和其他球队进行比赛的过程中，对对方的战略和战术运用特点进行观察。在棒垒球训练中，教练员使用这一训练模式时要注意，不能仅仅通过训练来使运动员对棒垒球的技术进行掌握，要注意对运动员参与棒垒球运动训练的热情与积极性的激发，使运动员参与棒垒球运动的意识与认知得到提高。

在棒垒球运动训练的过程中，运用领会训练模式，要对运动员在棒垒球运动竞赛方面的战术意识和战略意识进行积极的培养与提高，不能让运动员通过训练只是掌握到了棒垒球运动的技术技能。从这一训练模式来看，在棒垒球训练的过程中，棒垒球技术动作的统一性和规范性有了明显的弱化，传统的棒垒球训练的惯性思维模式被打破了，这样可以促进运动员在比赛过程中的战术意识的提高。在运用这一模式进行训练的过程中，运动员也要以自己的切身实际为依据，促进自身技术水平和战术能力的不断提高与增强。领会训练模式在棒垒球运动训练中的运用还需要注意以下几点。

(1)要求运动员对棒垒球运动的具体特点进行了解与关注，然后使运动员对棒垒球运动的具体战术进行学习与掌握，在最后要注重棒垒球运动整体训练效果及训练的实效性。

(2)要注重培养运动员的棒垒球战术意识，在训练过程中要在不同的训练环节将战术意识的培养贯彻其中。

(3)在训练过程中，教练员要有意识地对棒垒球运动的重要技术进行重点强调。

(4)在训练过程中，教练员引导运动员对棒垒球比赛形式的关注，使运动员对棒垒球运动战术进行掌握。

第四章 棒垒球运动员体能训练的科学化设计

运动员要想有效地提高自己的棒垒球体能水平，除了在平时的训练中严格按照一般的训练方法训练外，还要注意结合本专项训练的特点及规律、程序等，设计出一系列专项体能训练方法，这样才能从真正意义上促进棒垒球体能及技能的提高。本章主要根据棒垒球运动的特点及训练的基本规律，重点研究棒垒球运动体能训练的程序及科学训练方法。

第一节 棒垒球运动员体能训练的规律

棒垒球运动员参加体能训练需要遵循一定的规律，如此才能保证训练的科学性和有效性，提高训练的效率和水平。一般来说，棒垒球运动员参加运动训练要遵循以下基本规律。

一、身心发展的基本规律

在运动员逐步成长的过程中，机体各系统功能也逐步成熟，各种运动素质获得不同程度的发展和提高，但需要注意的是，不同的运动素质在不同的时期，其发展状态是存在着一定差异的，有的发展快，有的发展慢；有的系统发育早，有的系统发育晚。因此，棒垒球运动员参加运动训练要遵循这一规律，根据训练的基本特征及特有的规律，进行有针对性的训练。

二、运动竞技能力的规律

竞技能力是指运动员参加训练和比赛的能力。运动员所具备的竞技能力在比赛中的发挥称为竞技水平。在棒垒球运动中，运动成绩的好坏，不仅取决于球队本身，同时也受制于对手竞技水平的发挥。一般来说，棒垒球运动员竞技能力的构成要素主要包括技术、战术、身体素质和心理素质四个方面。

在竞技能力的构成要素中，身体素质和技术是战术的物质基础，而战术水平的提高与发展是建立在运动员的身体素质与技术水平基础之上的，另外，心理素质为技战术和身体素质提供必要的保证，是影响运动员技战术水平发挥的重要因素。因此，这四者之间相互联系、相互影响、共同发展。作为一名棒垒球运动员，在日常的训练和比赛中必须要彻底贯彻运动竞技能力的这一规律，做到科学化训练。

三、个人特长发展规律

在青少年棒垒球训练中，必须要强调突出个人特长的发展，遵循个人特长发展的基本规律，这是非常重要的。全面基础是指在包括技术、战术、打法、体能以及心理素质等诸多方面，要求运动员不能在任何一个方面有缺点，要具备全面的能力。而特长突出则是指一个运动员在与比赛胜负具有密切相关的某些方面，具有一般运动员难以达到的境界，这是运动员训练过程中创造性思维和实践的结晶。在棒垒球运动中，运动员要想成为一名球星，只具备扎实全面的技术水平还是不够的，还需要有一定的特长技术，这样才能压制对手，具有对比赛的统治力。

要想成为一名优秀的棒垒球选手，首要的任务就是要具备扎实的技术，不能在某些方面存在明显的短板，否则就容易被对手抓住弱点，连续进攻，对比赛不利。但如果运动员的技术仅仅满足于全面而没有鲜明的特长，在比赛中就难以找到克敌制胜的法宝，无法给予对手致命一击，从而取得比赛的胜利，由此可见，掌握一定的特长是非常有必要的，这需要在日常训练中加以不断的培养和提高。

在棒垒球运动中，全面和特长是影响比赛成绩的关键因素。减少比赛失误的关键在于拥有全面且无明显短板的技术保障，而抓住机会争取比赛的主动，进而获得比赛的胜利则需要依靠特长技术的发挥。因此，对于一名棒垒球运动员来说，必须要在全面发展的基础上，结合自身的条件，突出特长的发展，这样才能出其不意，赢得比赛的胜利。

四、竞技水平阶段性发展规律

一般来说，棒垒球运动的训练过程可以分为启蒙、基础和提高等三个阶段，如此可以保证运动训练水平的稳步提高。这一训练过程是根据青少年运动员生理、心理生长发育的特点，以及多年棒垒球训练的经验总结而成的。因此，教练员应严格遵循各训练阶段的任何和特点展开训练，当运动员掌握了本阶段相应的技战术技能和项目理论知识后，才能进入下一个训练阶段。

需要注意的是，当发现具有出色天赋的运动员时，教练员可以本着因材施教的原则，为这一类球员制定专门的训练计划，适当的前提下可以提前进入下一阶段的训练。

在棒垒球运动中，由于青少年训练阶段是一个长期的系统训练过程，因此，在其中的任何一个阶段，尤其是在青少年训练阶段，都不宜过分追求他们的运动成绩，而应更加关注他们是否具有广阔的发展空间，这是最为重要的。

五、非智力因素发展规律

非智力因素是相对智力因素而言的。所谓智力因素，一般包括注意力、观察力、想象力、记忆力、思维力、创造力等内容。而非智力因素是除认知能力以外的诸多方面，如情感、意志、性格、需要、动机、兴趣、目标、信念以及社会适应性等。非智力因素在人的行为中占有不可忽视的作用。人在非智力因素的发展中可以达到弥补智力因素不足的作用。这在竞技体育领域也是通用的，在棒垒球运动中也显然是适用的。非智力因素对一个运动员的运动技能水平的提高与表现，乃至最高运动成绩的获得与发挥，都非常重要。因此，在棒垒球运动训练中，教练员应特别重视对运动员非智力因素的培养，使智力与非智力因素达到有机的统一，和谐的发展，这样才利于运动水平的提高。

六、金字塔型发展规律

在竞技体育领域，运动员参加训练，其最终目的都是为了取得比赛的胜利，但是不论如何发展，最终达到顶尖运动员水平的也只有很少的一部分，也只有很少的一部分人才能获得比赛的冠军。更多的人则在训练过程中被逐渐淘汰。体育运动人才的构成“模型”就好比下宽上窄的金字塔，因此，人们就将体育人才培养组成的结构称为“金字塔定律”。

“金字塔定律”主要源自于体育运动（尤其是竞技体育）不断追求卓越的根本性质。

首先，最优秀的运动员人才一定埋藏在广泛的青少年运动员之中。广泛的青少年运动员人口是选拔和培养优秀运动员乃至他们最终脱颖而出的基础。在这层层选拔和竞争的过程中，大部分人或早或迟逐步离开运动员生涯也终将不可避免。即使是已经进入“金字塔”较高位置的优秀运动员，也不能避免人体运动规律，他们也有退役的时刻。这就要求棒垒球运动教练员，在青少年训练阶段必须坚持体教结合的道路，在练习棒垒球专项技术的同时也不能忽视青少年的文化课教育。这样才能保证棒垒球运动员综合素质的提高，促进我国棒垒球运动的健康发展。

其次，在棒垒球运动训练中，每一名运动员的竞技能力都是不同的，身体和智力发育水平也存在着一定的差异，影响一个运动员最终是否能达到运动顶峰的因素是多方面的。过早地影响或停止一个青少年运动员的训练生涯，极有可能让那些大器晚成的优秀运动员失去成功的机会。因此，了解和掌握了金字塔型的发展规律，才能更好地组织开展棒垒球训练，从而培养出大量的棒垒球运动人才。

七、实战性规律

进行棒垒球训练的目的无非就是在实战比赛中创造性地运用所掌握的技战术，取得理想的比赛成绩。在棒垒球训练中，要时刻遵循和贯彻以下几个方面的规律。

(一)技战术能力的培养要全面而系统

在棒垒球比赛中，运动员会面临各种各样的突发状况，在赛前，运动员要仔细分析对手的技战术特点、同伴以及球的运动变化等各种因素，从而选择出合理的技战术行动。棒垒球运动员只有全面掌握了棒垒球技战术，才能选择最佳的技战术来完成比赛，取得比赛的胜利。另外，全面的技战术训练，可以帮助棒垒球运动员获得宝贵的技战术经验，这是运动员形成合理判断和对策的基础。因此，在棒垒球运动训练中，要全面而系统地培养运动员的技战术能力及综合素质，使运动员得到全面发展。

(二)技战术发展要适合实战性

在技战术学习的起始阶段，大多数教练员都采用分解和完整练习法，使运动员建立和形成正确的动作表象。但是，运动员技战术水平的发挥必须要通过比赛来检验，这就要求棒垒球训练要结合实战进行。

在棒垒球青少年运动员身体发育的过程中，身高、力量等会发生很大的变化，因此在棒垒球训练中要不断重新建立动作定型。青少年运动员的技术运用能力在原有基础上不断发展和提高，因此在训练中要不断地修正技术动作，使运动员运用技术的能力得到不间断地持续发展。

战术训练要遵循战术发展的一般规律，从局部战术逐步过渡到整体战术。各个不同时期的训练要结合实际情况，恰当选择训练方法和负荷强度，循序渐进地在训练中引入比赛因素。超越年龄阶段引入比赛因素对青少年运动员的成长不利，可能会使他们身体承受负荷过大，不利于身体素质的发展和提高。

（三）职业素质与技战术发展相统一

同技战术一样，职业素质也要有一个发展和完善的过程。运动员参加棒垒球运动的职业素质反映在训练比赛中的纪律性，以及与同伴的交流、合作等方面，但他们的沟通与交流都相对简单。作为一名棒垒球运动员，在日常的生活中需要面对社会上各种名与利的考验，需要不断地提高职业素质以应对逐渐复杂的社会环境，这样才能保证运动员竞技水平的稳定性。

因此，对职业素质的培养，应该作为一项重要内容贯穿于棒垒球运动员的训练之中。一般来说，棒垒球运动员职业素质的培养，应注意以下几个方面。

第一，对棒垒球运动的热爱。运动员热爱棒垒球这项运动能使自己全身心地投入训练，享受棒垒球运动带来的乐趣。这样在长期高负荷的训练和比赛下也能坚持下来，并且在训练和比赛中积极发挥其聪明才智，直到掌握棒垒球高水平技能。

第二，责任感与交流能力。在比赛中要敢于承担责任，在队友困难时能够提供有力支持，在比赛中相互沟通。只有这样，才能建立起具有集体主义精神的团队。

第三，自律。在棒垒球运动训练中，运动员要听取教练员的指导意见，严格要求自己，不能在取得暂时的成功后而降低对自己的要求。只有这样,才能更好地提高自己的棒垒球技术水平。

第二节　棒垒球运动员体能训练的程序

棒垒球运动训练的过程是指运动员训练水平由现实状态向目标状态转移的过程。按照运动训练的周期性变化的一般规律,可将运动员从开始训练到退役的整个训练过程视为由若干阶段过程串起来的完整过程,如多年训练过程、年度训练过程、阶段训练过程以及周训练过程等。每一阶段训练的过程,无论其时间长短,从理论上都应包括运动员(或运动队)现状诊断、确定训练目标、制定训练计划、实施训练计划、检查评定等基本内容(图 4-1)。

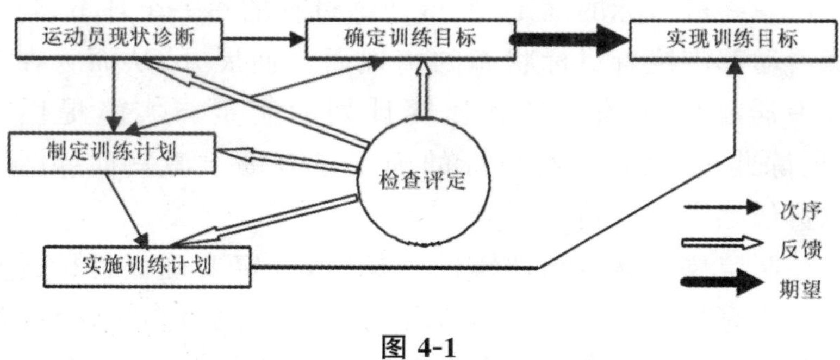

图 4-1

一、现状诊断

运动员的现实状态是运动训练过程的出发点,是有效组织运动训练过程的基本依据之一。[①] 对运动员现实状态的诊断是

① 田麦久．论运动训练计划．北京:北京体育大学出版社,1999

非常重要的，它可以对运动员的身体状况有一个大体的了解，便于下一步体能训练计划的制定。运动员体能的现实状态诊断主要包括身体形态、机能、身体素质以及运动员身体对负荷的承受能力等方面。通常情况下，一般通过对运动员进行身体检查、体能测试以及训练监控等途径获得其体能现状的全面信息，并对其进行全面分析和判断，这样才能完成对运动员体能现实状态的诊断。需要注意的是，对运动员体能的测试和训练监控的内容要严格按照棒垒球运动项目的特点来确定。

二、确定训练目标

在棒垒球运动中，运动员参加运动训练一定要有一个切实可行的训练目标，训练目标向训练参与者描绘出了一个运动训练过程的目标状态，全部训练活动都要围绕这一终极目标来进行。这一终极目标的确定，使得训练过程的每一个环节、每一次训练活动都围绕着目标状态的实现而全面展开，从而为在训练过程中居于的训练计划和比赛计划的制定与实施提供了依据。[①] 除此之外，对训练目标的确定还有助于激发训练活动主体的责任感和进取精神。

在制定棒垒球运动训练的目标时，一定要确保目标的完整性。一个完整的训练目标最大的特点就是具有多层次性，属于一个多层次性的系统。这个系统应包括整个训练过程的最终目标和各阶段训练目标；身体形态、生理机能以及身体素质等各项目标，还包括达到目标状态身体承受运动负荷的能力目标等。

三、确定及实施训练计划

棒垒球运动训练计划是教练员依据对运动员体能的现状诊

---

① 同上

断和确定的体能训练的目标，并根据体能发展的内在规律，制定的保证运动员体能由现实状态向目标状态有效转移的理论上的行动方案。运动训练计划的制定与实施，是运动训练过程的中心环节，贯穿于教练员与运动员的全部训练实践活动之中。[①]

一般来说，训练计划应包含以下几个方面的内容：(1)运动员体能状态的初步诊断；(2)运动训练的目标；(3)训练的阶段及任务；(4)实现训练目标的对策；(5)规划运动训练负荷的动态变化趋势；(6)运动训练的具体方法和手段；(7)运动训练的负荷要求；(8)评价运动训练效果的方式、时间及标准等。

棒垒球训练计划按照制定标准的不同可以分为多种。如按时间跨度划分，可分为多年计划、年度计划、阶段计划、周计划、课计划等；按执行的组织形式划分，可分为单纯性体能训练计划和与技战术、心理训练相结合的体能训练计划。由于人体本身是一个有机的整体，因此在进行运动训练时都会产生一定的训练效应。而训练本身也应该结合运动专项进行，因此在棒垒球运动训练实践中，训练计划的实施也要同其他训练计划相结合进行。

第三节　棒垒球运动员体能训练的科学方法

一、趣味训练法

在棒垒球体能训练中，将游戏和棒垒球训练融为一体的“趣味训练法”效果最佳。用这种方法可以有效培养运动员的训练兴趣，使他们热爱棒球运动，只有热爱这项运动，才能全身心地

① 田麦久．论运动训练计划．北京：北京体育大学出版社，1999

投入到运动训练之中，成为一个真正意义上的棒垒球运动员。

(1)趣味训练法"是针对棒垒球训练方法枯燥的情况，能使运动员的训练在快乐和兴奋中完成，避免刻板枯燥从而达到提高训练效果的目的。

(2)在棒垒球运动中，所有的初级训练都是在竞争性的游戏中进行，不仅能培养运动员的竞争能力，培养争强好胜的"个性"和集体主义观念。

(3)在棒垒球趣味训练的过程中，最易发现运动员的运动天赋，因为在游戏中他们的天性、智力、才能最易显露，对那些兴奋度不高、反应迟钝者，应加大重复性训练来获得技术动作的认知。

(4)运动员身体条件不一，在棒垒球训练中可安排一定强度与密度的身体素质训练，因而把一般的素质训练和技术训练融进游戏中完成是有一定的科学道理。科学的系统性训练是每个教练员必须遵循的基本原则。例如，棒球游戏，首先定出简单的规则，将初学者分成两组，使用橡皮球或网球，采用手抛或拳击球的方法进行比赛。再以后随水平提高可用抛击方式进行，逐步加大难度。

二、规则超前训练法

棒球运动可以说是规则的竞赛，运动队的棒球比赛尤其是这样。规则越熟、战术越精、比赛中运动员可以自主地抓住战机。单靠教练员在场外喊叫指挥不能解决规则不熟的问题，且会失去很多战机，吃一堑长一智，通过失败与成功的战例来培养学生们对规则棒球意识的了解与提高。初学棒球的球员，在学基本技术的同时应重视棒球规则的学习，教练员应利用形象直观的场地做教具或划图(可自制磁性示教板，用棋子的不同颜色表明球、击球员、跑垒员、防守队员等)进行规则讲解、战术演变的由来等，将学生们领入棒球王国。首先要求教练员熟练地掌握和运用规则，而且把规则归纳分类，由易到难、由浅入深，便于运动员理解、记忆和掌握。重要的是讲明为什么这样制定规则，印象会更深，每次规则课以前，用十几分钟时间，采用口头提问的形式检验学习效果，不断强化规则，而且都要评分和给予恰当的评语，以激起队员学习规则的积极性。其次是在实践中熟悉规则，可把教学比赛变成单项规则的竞赛，如跑垒比赛、触击球战术比赛，来强化某一特定规则。

三、综合训练法

集技术、战术和身体训练为一体的训练方法，以克服训练中教练少时间短的难题，提高训练效果，就是综合训练法。在棒球运动中，棒球的“灵魂”是“平衡能力”，接球、传球、击球、跑垒滑垒充分体现“平衡”的重要性，在复杂激烈的比赛中更是如此，而心理的“平衡”起着决定性作用。所以在整个棒垒球训练过程中都要围绕“平衡”来进行。要达到这样的目的，首先要让运动员树立“时间、空间、速度”三个概念，只要这样，才能使他们真正具备“平衡”能力，熟练地运用技战术，提高棒垒球运动的综合素质。

四、全方位训练法

对于棒垒球青少年运动员来说，由于训练基础较为薄弱，因此不宜过早的选定位置训练，而应在全面掌握基本技术的基础上进行全方位(每个位置都学)训练，目的一是提高兴趣，二是观察每个运动员的特点，培养他们的“个性”再结合实际需要逐步选定适合他们的位置，这样每个队员可以掌握两个位置以上的技术，10 个人就可当成 20 个以上的队员来使用，就是说大大地增强了实力，教练员使用队员就可得心应手，选择的余地会更大。需要注意的是，运动员“个性”的培养。这在当今社会是十分重要的，一个没有“个性”的运动员前途不会光明，培养的价值不大。“个性”显明的球员，对事物会有独到的见解，敢于创新，技术上有风格，意志顽强，能“青出于蓝而胜于蓝”。如果一个教练员培养的队员都是自己的翻版，只会听指挥行事的乖孩子，那么这个团队的战斗力是不强的。

在棒垒球运动中，教练员在组队选材时，除了看身体素质、心理素质外，还要注重他们的天分、气质、性格，在确定位置时还要征求运动员自己的意见供教练参考，这样才能大大提高运动员选材、育材的成功率。

第五章　棒垒球运动员体能训练的医务监督

科学的体能训练能提高棒垒球运动员的运动水平和实战技能，体能训练的科学性需要全面和系统的医务监督作保障，以保证每一个棒垒球运动员都能在安全的基础上有针对性地提高自己的竞技能力，并获得自身竞技能力的良性发展。本章重点对棒垒球运动员体能训练的疲劳与恢复、营养与补充、伤病及处理以及自我医务监督等内容进行分析。

第一节　体能训练的疲劳与恢复

体能训练的本质是棒垒球运动员的身心通过承受运动负荷和心理负荷，并在科学负荷的控制下使身心逐渐适应并获得提高，然后再安排新的身心负荷刺激。因此，在这个过程中必然会有身心疲累的出现，准确判断疲劳和科学恢复对于棒垒球运动员的身心健康和技能发展均具有十分重要的意义。

一、疲劳的概念

疲劳是人体正常的反应，它在身体受到一定的运动负荷时产生，是一种机体出现暂时性的机体机能下降的现象。当疲劳出现后，经过适当时间休息和调整可恢复。从某种意义上讲，生命是生物能量存在的一种形式，是能量集聚、转换和耗散的一种过程。不论参与到何种活动之中，都会消耗人体内的能量，即便是在睡眠时也会有一定的能量消耗以维持最基础的生命活动，而活动越激烈，消耗能量的速度就越快，表现为活动效率在持续一定时间后都会出现下降现象，这就是机体疲劳的表现。

二、棒垒球体能训练中疲劳的成因

体能训练中的疲劳属于运动性疲劳。所谓运动性疲劳，是指在运动过程中出现了有机体的工作（运动）能力暂时性降低，但经过适当的休息和调整后，可以恢复原有技能水平的一种生理现象。它是棒垒球运动中常见的一种生理现象。在棒垒球运动体能训练的过程中，运动员运动水平的提高就是一个疲劳→恢复→再疲劳→再恢复的良性过程。如果运动员在棒垒球运动体能训练中机体所产生的疲劳没有得到及时的恢复，就会使疲劳累积，达到一定程度时，就会产生过度疲劳；而如果运动性疲劳出现后，运动员仍继续保持原有的运动，就会使机体疲劳加重，甚至导致力竭，从而使运动性疲劳演变成一种病理现象，从而危害身体健康，严重者甚至会有生命危险。

在棒垒球运动体能训练过程中，运动强度不同，导致运动疲劳产生的原因也存在差异。例如，在短时间内进行大强度的棒垒球运动训练所产生的疲劳是因为机体肌细胞代谢变化导致ATP转换速率下降造成的；在较短时间内进行较大强度的棒垒球运动体能训练所产生的疲劳是由于机体内乳酸堆积所致；进行长时间中等强度的棒垒球体能训练而产生的疲劳与血糖浓度的下降、无机盐丢失、血糖浓度下降，以及肌糖原的大量消耗有关。

棒垒球运动体能训练中，运动员产生疲劳主要有以下几点原因。

（一）能量物质消耗

棒垒球运动体能训练中，如果运动员参与大强度的训练，运动员机体骨骼肌中的 ATP 作为机体所需能量的直接能源提供训练所需能量。根据大强度运动的能量代谢特点，ATP 的合成主要是通过 CP 的分解和糖的无氧酵解而实现的。而在运动中糖的无氧酵解是 ATP 合成的主要途径。但是，在棒垒球体能训练中，随着运动负荷的不断增加，机体内大量分解并消耗肌糖原，从而使肌肉中大量消耗 ATP 和 CP，并且在肌肉中堆积了大量的乳酸。所以，在进行棒垒球运动体能训练时，会出现 HL 值升高，血 pH 值下降，失代偿性酸中毒由此发生，致使 ATP 合成量减少，对肌肉运动能力造成不利的影响，从而导致棒垒球运动员出现运动性疲劳。

（二）物质代谢失调

机体参与运动必然需要机体代谢提供运动所需能量，在棒垒球运动体能训练过程中，机体内的糖、脂肪和蛋白质的有氧或无氧代谢是机体运动所需能量的主要来源。据研究表明，乳酸能系统主要提供棒垒球运动所需的能量，在进行 5 分钟左右的棒垒球运动后，血乳酸浓度达到最高。如果学练棒垒球运动的时间过长，会使体内能源物质快速消耗，体内的无机盐、水分等会有所减少，维生素含量也会不断下降，从而使机体内环境物质代谢失调的现象发生，机体不能继续工作，就会产生运动性疲劳。

（三）代谢产物堆积

在棒垒球运动体能训练过程中，人会产生大量的代谢产物，其中对人体运动能力影响最大的就是乳酸，体能训练中，机体中乳酸大量堆积会影响体内的正常代谢，进而会导致机体的运动能力下降。

(四)精神意志因素

一般来说,在运动中,机体真正疲劳之前,运动者在主观上会先感知疲劳,这种疲劳感相当于机体发出的主观疲劳信号。而运动中人体各器官、系统的活动都是在神经系统指挥下完成的,神经系统功能降低,而人体的疲劳感会因为神经细胞抑制过程而变得更加强烈。此时人的情绪意志状态与人体功能会影响机体的疲劳程度。

三、棒垒球体能训练中疲劳的表现

(一)机体疲劳

在棒垒球运动体能训练的过程中,从疲劳的程度来看,疲劳一般表现为轻度疲劳、中度疲劳和重度疲劳三个程度,具体如下。

1. 轻度疲劳

在棒垒球运动的体能训练中,很容易出现疲劳的感觉,如心跳速度加快、呼吸频率变快等,这些都是轻度疲劳的具体表现,这些表现在短时间内是可以恢复正常的。

2. 中度疲劳

在棒垒球运动的体能训练中,中度疲劳程度可以通过以下几个方面来判断。

(1)身体表现出口干舌燥、脸色发白、肌肉发生抽搐、难以正常呼吸、有眩晕感、腰腿酸疼等症状。

(2)精神表现出难以集中注意力、焦躁不安、耐心不足、情绪低落、总是出错等症状。

(3)自我感觉方面会有头晕、肌肉无力、全身疲倦，还会出现嗜睡等情况。

3. 重度疲劳

如果运动员在棒垒球运动的体能训练中出现烦躁、抵触、不易兴奋、神经反应迟钝等现象；同时，伴有肌肉僵硬、肿胀、疼痛、难以正常活动，动作慢、协调性差等症状。长时间体能训练之后，机体的抵抗能力及在适应阶段所获得的各种能力就会消失，一些应激相关疾病也会随之出现，具体为器官功能衰退等，这些都是重度疲劳的表现。如果运动者不能对重度疲劳进行及时有效的消除，就会对生活及今后的棒垒球体能训练和技能提高造成不良的影响。

运动疲劳的分类是多方面的，根据棒垒球运动体能训练的强度、持续时间和运动的质量，将棒垒球运动体能训练中产生的疲劳分为短时间运动中产生的肌肉性疲劳和持久运动产生的全身性疲劳两大类。棒垒球体能训练过程中疲劳的产生是多种因素综合作用的结果，一个或同时几个因素的变化会产生相互作用，从而导致机体疲劳的产生。从运动训练的角度来看，没有疲劳的棒垒球训练是没有效果的训练，可见，机体产生疲劳也具有着积极的意义。当机体内的能源物质消耗较多时，便会引起明显的超量恢复，但也要防止过度疲劳的训练，避免对运动员身心造成损害。

(二)心理疲劳

有实验观察指出，体能训练中，运动者厌恶训练是其产生心理疲劳的主要表现特征。棒垒球体能训练中，运动员的心理疲劳主要表现如下。

1. 主观体验和行为表现

在棒垒球运动体能训练过程中，运动员一旦出现心理疲劳，身体上便会有明显乏力的感觉，进而逐渐失去对继续学习或训练的热情，运动动机水平不断下降，此时容易烦躁动怒，而且对外界的刺激会异常敏感。有时，在棒垒球运动体能训练中，运动员会由于无法正确掌握或难以正确做出某一技术动作而感到苦恼，由此产生厌倦心理，从而以一种消极被动的态度参与到棒垒球运动的体能训练中。

2. 情绪性抑制反应

在棒垒球运动体能训练过程中，运动员产生心理疲劳后，不仅会导致机体运动能力的逐渐下降，而且也会使意志力有所减弱，情绪处于起伏状态，还会使情感紊乱的程度不断加重。久而久之，心理疲劳就会导致抑郁症的产生。

3. 适应性

在棒垒球运动体能训练过程中，运动员心理产生疲劳后，如果没有得到及时的恢复或恢复不足时，便会使心理疲劳持续积累，一旦超过某一临界点，运动员的运动行为便会受到心理疲劳所带来的负面影响，具体表现为身体的运动适应能力的降低。

四、棒垒球体能训练中疲劳的恢复

（一）劳逸结合

实践证明，劳逸结合可有效消除棒垒球运动中的运动性疲劳。结合棒垒球运动员的运动状况，劳逸结合应重视以下几点。

1. 做好热身和整理活动

棒垒球运动体能训练前，做好热身准备，可以充分发挥运动员的机体适应能力，提高运动员身体各项运动能力对负荷的适应和机体活力，可有效延缓运动疲劳的产生。

棒垒球运动体能训练后，做好放松与整理活动。放松与整理活动是消除棒垒球运动中疲劳、促进体力恢复的一种有效的主动恢复手段。棒垒球运动体能训练后的放松与整理活动能够使呼吸系统、神经系统、心血管系统和内分泌系统等从适应运动的状态慢慢地恢复到安静状态。棒垒球运动员可以通过慢跑和呼吸体操消除疲劳，或在棒垒球运动训练后通过做肌肉、韧带拉伸等放松练习来消除运动疲劳。

2. 积极性休息

积极性休息主要是指活动性休息，它是消除运动性疲劳的有效方法之一，这种方法能够有效促进全身血液循环，加速乳酸的消除。在运动员日常棒垒球运动训练中，主要可进行散步、变换活动部位等形式的轻微运动。

3. 增加睡眠

良好的睡眠可有效消除疲劳，研究表明，人体在睡眠状态下，各器官、系统活动会下降到最低水平，这时，机体的物质代谢减弱，能量消耗也维持在最低水平，合成代谢有所加强，可使机体消耗的能源物质逐渐得到恢复。

在棒垒球运动体能训练后，保证良好而充足的睡眠是使身体得到恢复的重要措施。充足的睡眠可以有效缓解运动性疲劳。参与棒垒球运动的人必须遵守一定的作息制度，从而保证睡眠的时间和质量，并讲究睡眠卫生。

（二）补充营养

正如前面所提到的，营养物质的消耗会导致疲劳产生，那么适当补充营养物质自然可以减缓和预防运动性疲劳，并促进疲劳的恢复。棒垒球运动员的健康体质的养成以及运动水平的提高，适当补充营养是必不可少的。

进行合理的营养补充能够使机体消除疲劳并恢复到最佳生

理状态。在日常参与棒垒球运动训练期间，运动员可结合自身情况适当补充营养，以此来补充机体生理活动所消耗的物质，并且修复体内结构受损以及消除疲劳。通常，棒垒球运动员需要及时补充的物质包括糖、蛋白质、矿物质以及各类维生素（如维生素 A、维生素 B_1、维生素 B_2、维生素 C 和维生素 E 等）。

（三）物理疗法

一些物理疗法和中医治疗措施能有效缓解棒垒球运动员在体能训练中的运动性疲劳，虽然棒垒球运动员不能全面掌握这些知识，但是通过简单的按摩或者求助于医师，都可以实现运动性疲劳的恢复。常见的物理疗法有以下几种。

1．温水浴

温水浴是非常有效的疲劳消除方法。在进行温水浴时要注意水温的适当，具体来说通常水温应以 40℃左右为宜，温度不宜过高，时间为 10 分钟左右。

2．按摩

按摩，是运动后疲劳消除的很好方法。用推拿按摩消除棒垒球运动中的疲劳是经济简便的，既不需要特殊医疗设备，又可以避免时间、地点和气候等因素带来的限制，随时随地都可实施。常见的按摩的方法主要有人工按摩、机械按摩、水力按摩以及气压按摩等，棒垒球运动员可结合自身经济条件进行选择。按摩的手法要以揉捏为主，并且交替使用按压、扣击等手法。以消除疲劳为目的的按摩要在运动后方可进行，按摩时间根据疲劳程度通常设定在 30～60 分钟之间。

棒垒球运动体能训练后，运动员可根据自身感觉等情况可以进行局部或全身按摩，并对按摩的时间、深度、力度等方面加以适当的调整。

3. 拔罐

拔罐法是一种中医疗法，主要是针对运动后局部严重疲劳并伴有损伤的局部性疲劳的恢复。拔罐法的原理在于，在拔罐时，身体的局部负压作用能够使组织内的瘀血散于体表，使组织代谢产物的排泄更加顺畅，从而可以有效消除疲劳。

4. 理疗

理疗法主要包括光疗、蜡疗、电疗等，运用这些方法能够对身体局部或全身的疲劳肌肉的代谢过程有非常好的促进作用。同时促进血液循环、改善血液供应，有利于营养物质的吸收，促进代谢产物的排泄，从而达到消除疲劳的目的。

5. 针灸

针灸也是传统中医疗法的一种，它主要是针对不同的疲劳程度进行的治疗，在相应的疲劳位置进行相应的针灸方法是非常有效的。对于肌肉疲劳可采用穴位针刺的方法。消除全身疲劳，则主要采取针扎强壮穴足三里的方法。局部疲劳的消除则可采取配合间动电电针消除疲劳的方法。

6. 吸氧及空气负离子疗法

吸氧能够促进新陈代谢，改善体内的微循环，有助于消除疲劳。对于棒垒球运动员来说，体能训练后可采用高压氧治疗，对消除疲劳有明显的效果。空气负离子能改善肺的换气功能，增加氧吸收量和二氧化碳排出量，改善大脑机能，刺激造血机能，使红血球、血红蛋白、血小板增加，血流速度加快，心搏输出量加大，扩张毛细血管，加速乳酸的代谢，消除疲劳。

（四）音乐疗法

音乐可以影响人的心理活动，对人的神经系统可产生刺激作用，因此棒垒球运动员可以通过听音乐的方法来消除机体疲劳。在长时间的棒垒球运动训练后，舒缓的音乐可以帮助中枢神经系统的疲劳得到极大的缓解，同时还能够调节循环、呼吸系统和肌肉的功能。

（五）心理调节

心理学研究表明，可以通过运用心理学对大脑皮层的技能来调节和消除机体疲劳。心理学方面消除疲劳的方法只要环境温暖、舒适、安静，没有直射的阳光即可，受到的限制很小。具体来说，采用心理调节是通过一系列引导词来帮助棒垒球运动员做一些适当的放松练习的，练习时间以持续 20～30 分钟为宜。具体方法如下。

（1）表象和冥想：每天睡前、醒后都像过电影一样。

（2）自我积极暗示：棒垒球运动员在训练中产生疲劳后可以自己对自己默念“自己没问题”“还可以更好”“不能放弃”等语言。

在进行心理调节过程中配上舒缓的音乐则效果更佳。

第二节　体能训练的营养与补充

人体运动过后需要补充营养和能量，营养的补充不仅能保证棒垒球运动员日常正常的生理活动，还有助于消除棒垒球运动员体能训练中的疲劳，并为棒垒球运动员提高运动技能提供必要的物质基础。

一、体能训练中机体必需营养素

（一）糖类

糖类，又称“碳水化合物”，常见的糖类有葡萄糖、麦芽糖、乳糖、蔗糖、淀粉和纤维素等。糖类是人体内主要的能量来源之一，它可以节省体内蛋白质的消耗，并对肝脏起到较好的保护作用，促进人体消化。在糖类中，纤维素与其他几种糖类有着较大的区别，它不能够被肠胃消化吸收，所以不具有营养价值，但其有着较大的生理价值，主要表现在它能够刺激肠道的蠕动、排空，避免因食物长时间在肠道中停留而腐败产生毒素，降低结肠癌、结肠炎的病发率，降低血清胆固醇，防止形成胆结石和动脉粥样硬化。

1．糖类的生理作用

(1)糖类提供了人体每日摄取的总热量的50％～55％，即主要来自人们的主食。糖类是机体的主要热量来源。它可以避免蛋白质的分解，供给脂肪新陈代谢中所需要的热量，给中枢神经系统提供所需的热量。如果糖类摄入不足，就会导致水分的流失和新陈代谢的减慢。

(2)人们主食提供的糖类对减肥和形体的保持起着重要作用。糖类能够促进脂肪的新陈代谢。饿肚子减肥是人们认为的一种减肥方法，其实这是不划算的，这就涉及到糖类的作用。减肥者身上脂肪多，如果采用饿肚子减肥方法，不进食，糖类也就无法摄入，少了糖类提供的能量，脂肪代谢无法进行，因此是不消耗的，不能达到减肥的效果。当然，饿肚子也会变瘦，但是这主要是因为水分和蛋白质的流失，脂肪不代谢，蛋白质的分解在所难免。而减肥主要是减脂肪，可见糖类的重要作用。人体能量不摄入，身体便要减少能量的消耗以延续生命，从而新陈代谢就要减慢下来。由于人体摄取能量时间的不确定性，身体发挥自我保护作用，便将摄入的能量大量储藏起来，以保证机体活下去。这也解释了节食减肥易反弹的原因。此外，人体不进食，糖类未进行摄取，人便会没有精神，没体力，也就无法保证挺拔的身姿。因此，要获得减肥的效果，必须摄取适量的糖类。

(3)糖类通过转化为葡萄糖而被身体吸收。胰岛素正是发挥着把这些葡萄糖运进细胞、供给人体活动所需要的热能的作用。胰岛素可以运送葡萄糖进入细胞，同时还具有降低血糖的作用，促进血糖储存成肌糖和脂肪，减少脂肪细胞释放脂肪酸。胰岛素与低血糖和糖尿病有着密切关系，对于这两种患者，必须及时注意胰岛素问题。

2. 糖类的食物来源

据营养学家推荐，人体每日摄入糖类的量为每千克体重8～10克。

糖类主要来源于植物性食物中的谷类、根茎类和各种食糖，蔬菜和水果，以及面粉、大米和马铃薯等食物。

（二）脂肪

脂肪是人体必需的营养素之一，减肥主要是减脂肪，但不能抑制机体对脂肪的必要摄取。

1. 脂肪的生理作用

（1）脂肪是人体细胞的重要组成成分。脂肪类营养素是组成每个细胞的细胞膜不可缺少的成分之一，它还对脑、外周神经组织、肝、卵等组织细胞具有重要作用。细胞存在着新陈代谢，新旧细胞的更替需要脂肪提供原料。

（2）脂肪是人体主要的能量来源之一。脂肪具有非常高的热量，每克脂肪经过氧化可以产生 9 千卡热量，是同量糖和蛋白质所产热量的两倍还多。因此，脂肪有人体“能源库”之称。

（3）脂肪具有非常重要的生理功能。其中，能够调节人体新陈代谢和生长发育的肾上腺皮质激素和性激素等，其主要成分便是脂肪类物质。另外，维生素 A、维生素 D 等一些重要的脂溶性维生素都以脂肪作为其存在的必要条件，并且脂肪还可以促进脂溶性维生素 A、维生素 D、维生素 E、维生素 K 的吸收。

（4）脂肪分为饱和脂肪酸和不饱和脂肪酸。大量饱和脂肪酸的摄入会导致各种心血管疾病，而不饱和脂肪酸可以增强细胞的结构，运送胆固醇，帮助胆固醇代谢，延缓血液凝固。因此，要注意饱和脂肪酸和不饱和脂肪酸的摄取，少食用富含饱和脂肪酸的肉类。

(5)脂肪具有保持体温和保护内脏器官的作用。大部分的脂肪主要分布在皮下、肠系膜、大网膜和肾脏的周围，它能够阻止体能散发大量的热量，能够固定脏器的位置，并减少摩擦，起到缓冲的作用。

2. 脂肪的食物来源

人体每日所需热量的20%～30%来自脂肪，而在花生、玉米、大豆、芝麻、橄榄、豆腐等素食中含有丰富的不饱和脂肪酸。

(三)蛋白质

蛋白质占人体重量的18%，如果按比重来计算，约占人体重的50%。

1. 蛋白质的生理作用

(1)蛋白质是构成人体细胞的物质基础，是人体的建筑材料。它的功能主要是合成和修补细胞，如肌肉、血液、身体器官、激素、酶、抗体、皮肤、保持水分的平衡、酸碱度。人体不断地生长，细胞数量增多，细胞也在进行着新陈代谢，新旧细胞持续更替，这都需要蛋白质的及时供应和补充。肝脏是人体内蛋白质代谢比较旺盛的组织，红血球更新的速度也较快，头发、皮肤的生长也与蛋白质有关；生命只要存在，细胞就在不断代谢，蛋白质就需要持续供应。如供应不足，人体发育便受到影响，运动便无从谈起。此外，蛋白质还是一种能量来源，但往往在糖类和脂肪不足时分解，与糖类与脂肪相比，蛋白质供能极不经济。

(2)蛋白质有完整蛋白质和非完整蛋白质之分。完整蛋白质包含人体不能自行制造的所有重要氨基酸，要通过食物或补剂供给，对身体内蛋白质的合成有重要影响。肉类等动物性食品多含完整蛋白。非完整蛋白质不包含所有重要氨基酸,如进食足够的氮质身体可以制造非重要氨基酸。蛋白质制造及新陈代谢的维持需要足够的重要氨基酸和非重要氨基酸同时拥有。

2. 蛋白质的食物来源

对于日常体能训练中的棒垒球运动员来讲,每日总热量摄取的20%来自蛋白质,每公斤体重、每天大约进食1克蛋白质就够了。过多摄入的蛋白质不能进行储存,会再经肝脏代谢进而转化成尿素,长期大量地进食蛋白质,容易造成人体钙质流失并给肝脏造成负担。

奶制品和每餐不同豆类及谷物的组合摄入可以保证完整蛋白的摄入量。

(四)维生素

维生素是人体所必需的一类有机化合物,也是人体必需营养素之一。人体内不能合成维生素,尽管人体对维生素的需求量非常小,但是,维生素也是必需营养,是需要通过食物供给的。

1. 维生素的生理作用

(1)维生素具有调节和维持机体的正常代谢、促进生长发育的作用。人体内所进行的各种生化发应都是在酶的催化作用下进行的,而许多维生素是酶的辅酶或者是辅酶的组成分子。

(2)维生素对机体的能量代谢及其调节过程有着重要的作用。在人体中,大多数维生素都会参与辅酶的组成,因此,如果缺乏维生素就会对酶的催化能力产生影响,引起代谢失调,从而使机体运动能力有所降低。

各种维生素在结构上没有共性,以溶解性质为主要依据可以将维生素分为水溶性维生素和脂溶性维生素两大类。它们的生理作用具体如表5-1所示。

表 5-1　水溶性维生素和脂溶性维生素的生理作用

维生素分类		生理作用
脂溶性维生素	维生素 A	维持正常的视觉尤其是人的暗适应能力，预防夜盲症、干眼病；促进生长发育，增加身体的抵抗力；促进骨骼发育
	维生素 D	增进人体对钙和磷的吸收和利用，促进骨骼生长
	维生素 E	促进肌肉生长，提高肌肉耐力和力量；维持正常的生殖能力和肌肉代谢；增强循环、呼吸和生殖系统的功能
	维生素 K	止血，构成凝血酶原，促进肝脏制造凝血酶原
水溶性维生素	维生素 B_1	组成酶，参与碳水化合物代谢，影响代谢过程；保持消化、循环、神经系统和肌肉的正常功能；预防脚气
	维生素 B_2	即核黄素，酶的重要组成部分，促进细胞的氧化，促进生长发育，保持皮肤和眼睛的健康
	维生素 B_5	即泛酸，有抗感染、解毒、消除术后腹胀的作用
	维生素 B_{12}	抗脂肪肝，促进细胞成熟和抗体代谢，促进肝脏对维生素 A 的贮藏，防治恶性贫血
	维生素 B_6	在蛋白代谢中起着预防神经衰弱、眩晕、动脉粥样硬化的作用
	维生素 C	促进红细胞成熟，促进人体生长；增强抵抗力，连接结缔组织维持骨骼和牙齿的健康；增强对疾病的抵抗力，促进伤口愈合，增强血管的韧性，预防与治疗坏血症
	维生素 PP	又称“烟酸”，是细胞生理氧化功能中不可缺少的物质，可以防治癞皮病
	维生素 H	又称“叶酸”，有抗贫血、维持细胞正常生长和免疫系统功能的作用
	维生素 T	能够帮助血小板形成和凝血

2. 维生素的食物来源

维生素通常存在于天然的食物之中，不能在人体内合成或合成的数量非常少。因此，必须要从食物中摄取。维生素主要源于动物的心脏、肝、肾、脑、瘦猪肉、蛋类，植物中的谷类、豆类、干果及硬果，新鲜蔬菜中也含有大量维生素。

（五）矿物质

矿物质，又称“无机盐”，原指地壳中天然存在的化合物或天然元素，人体内约有50多种矿物质。矿物质是人体重要组成部分，有些元素是身体保持适当生理功能所必需的，能够维持生理系统，强化骨骼结构和肌肉、神经系统，辅助酶、激素、维生素和其他元素发挥作用，需要不断地从食物中摄取。矿物质有常量元素和微量元素之分，以它们在膳食中的需要量为标准。其中含量较多的有钙、镁、钾、钠、磷、硫、氯七种元素，每日需要量在十分之几克到1克或几克，称为“常量元素”；其他元素如铁、铜、碘、锌、锰和硒，由于含量极少，每日需要量从百万分之几克（以微克计）到千分之几克（以毫克计），又称“微量元素”。

以人体常见的常微量元素为例，对其生理作用和食物来源具体分析如下。

1. 钙

钙是人体牙齿和骨骼的重要构成成分，在人体内含量相对较多，约1 300克，约占体重的1.5%～2%，主要集中在骨骼和牙齿中，约99%的含量。食物中钙的主要来源有蛋黄、乳类、小虾皮、海带、芝麻酱等。

2. 铁

铁在成人体内的含量为3～4克，它是人体重要的必需微量元素之一，是构成细胞的原料，并参与肌红蛋白、血红蛋白、细胞色素及某些酶的合成。食物中铁的主要来源有动物的肝脏、肉类、蛋类、鱼类和某些蔬菜等。

3. 碘

碘主要来源于海产的动植物食物，其主要作用是用于机体甲状腺素的合成，促进能量代谢。

4. 锌

锌主要存在于骨骼、皮肤和头发中。它与酶的合成有密切关系，是酶的活性所必需的元素。锌主要来源于牛肉、猪肉、羊肉和其他鱼类、海产品。

(六)水

水是一种特殊的营养物质，在成人体内约占体重的 60%，是维持人体正常生命活动的重要物质。水分的流失会对人体产生非常大的影响。当失水占体重的 1%时，就会降低 2%的运动速度，而当人体失水达到 10%时，生命就会受到严重的威胁。

水在人体内发挥着非常重要的作用。由于水的比热值较大，所以它具有较好的调节和维持体温的作用；水分能够为人体新陈代谢的过程提供较好的环境，从而促进呼吸、消化、吸收和排泄等物质代谢；水还可以改善肝脏的功能，降低食欲，有利于脂肪转化成能量；水还具有润滑的作用，如眼泪、唾液、关节滑液和浆液等。棒垒球运动中，合理补水非常重要。

饮水是每日水分摄入的主要途径，正常成人每日水摄入量不得少于 2 500 毫升。几乎所有食物中都含有水分，而一般食物提供的水分大致为 900 毫升。因此，除了靠食物来补水外，每日的饮水量还应控制在 1 300～1 500 毫升范围内，即通常的 6～8杯水。而饮用的水以凉开水为最佳，一般在运动习练开始前 30 分钟饮水为宜。

二、棒垒球运动员体能训练中的营养补充

(一)糖类的补充

糖类是身体热能的主要来源，它易于消化吸收，在日常进食

的大多数食物中几乎都含有糖。在没有及时补充而又继续运动的情况下，对糖类的大量需要只能来自体内贮备的糖原，从而造成糖原枯竭。严重的糖原枯竭可能对运动员造成致命的伤害。

在体能训练中，棒垒球运动员需要参与较强的身体负荷，运动频率和强度非常大，因此对能源的需求也很大，对糖的补充非常重要，但在补充糖类时要注意控制，不宜过多，否则过多的热量堆积在体内不仅不利于身体健康，甚至最终还会导致疾病，如糖尿病、高血脂等。

膳食中糖类的主要形式是淀粉，果糖很容易被吸收和利用，且在体内变成脂肪的可能性比葡萄糖要小，棒垒球运动员可经常吃一些水果、蔬菜和蜂蜜等食物。

（二）脂肪的补充

摄入脂肪可延迟胃的排空，增加饱腹感。但脂肪的供给量应以满足生理需要为限，不能摄入过多，否则就会引起心血管疾病、脂肪肝等疾病。而对于棒垒球运动员来讲，摄入过多脂肪、会影响体重，体重过重会导致棒垒球运动员运动速度的下降，这对其专项能力的提高非常不利。

因此，在补充脂肪时，对摄入脂肪的质和量都要加以限制，摄入的脂肪量以占摄入总能量的20%～25%为宜，应注意选用一些含不饱和脂肪酸的食油，少吃动物性脂肪，如果偏好肉类可以多食用鸡肉、鱼肉等。

（三）蛋白质的补充

棒垒球运动体能训练期间，运动员机体的蛋白质以分解代谢为主，因此此时就更加需要补充蛋白质以应对较多的代谢消耗，可见，蛋白质的适时补充是极为重要的。

棒垒球运动对运动员的力量素质和速度素质要求较高，因此，训练期间，运动员的蛋白质供应量应达到2克/千克体重，优

质蛋白质应占 1/3

需要特别注意的是，由于蛋白质食物的特殊动力作用强，蛋白过多能提高机体的代谢率，增加水分的需要量，因此，运动前蛋白质的摄入不宜过多。

(四)维生素的补充

棒垒球运动体能训练期间，运动员体内物质代谢过程会加强，对维生素的需要量也会增加。剧烈运动可使维生素缺乏症提前发生或症状加重，且由于运动者对维生素缺乏的耐受力比正常人差，所以应及时补充维生素。

(五)矿物质的补充

棒垒球体能训练中，应特别注意以下几种矿物质的补充。

(1)钾：棒垒球训练期间，口服钾可迅速恢复生长素水平和促胰岛素样生长因子的水平。

(2)铁：棒垒球体能训练中，运动员对铁的需要量较高，铁丢失严重，再加上摄入不足，普遍存在铁营养状况不良。因此，运动员在膳食中应加强铁的摄入。

(3)锌：锌与运动能力之间的关系非常密切，它是多种酶的组成成分和激活剂，能调节体内各种代谢，并影响睾酮的产生和运输，可饮用含锌饮料来补充锌。

(4)硒：硒是机体内谷胱甘肽过氧化物酶的辅助因子，由于具有消除过氧化物，增强维生素 E 的抗氧化能力等作用，因此它与运动关系密切。棒垒球体能训练中，建议运动员硒的摄入量应为平时的 4 倍，每天约 200 微克。

(六)水的补充

棒垒球体能训练中，运动员机体水分主要是通过出汗流失的，因活动量大，机体会排出大量的汗。合理的补水应该遵循以下原则。

(1)预防性原则:体能训练前,提前补水,避免脱水的发生,防止运动能力下降。

(2)少量多次原则:避免一次性大量补液,以免对胃肠道和心血管系统造成的负担加重。

(3)补大于失原则:为了在体能训练中能保持最大的运动能力和最迅速地恢复体力,补液的总量一定要大于失水的总量,尤其是钠的补充量一定要大于丢失的量。

三、棒垒球体能训练的膳食营养补充原则

(1)体能训练期间,运动员的膳食应注重饮食的多样性,以谷类为主。谷类和薯类、动物性食物、豆类及其制品、蔬菜水果和纯热能量食物所含的营养成分不完全相同,因此,要注重食物摄取的多样化。谷类食物的表皮中含有大量的维生素和矿物质,因此,为了防止这些食物表层营养物质的流失,建议棒垒球运动员食用没有被过分加工过的谷类食物。

(2)体能训练期间,运动员应每天吃奶类、豆类或其制品。奶类和豆类食品除了含有较高的蛋白质和维生素之外,还含有丰富的钙,利于运动员补充多种营养素。

(3)体能训练期间,运动员要多吃蔬菜、水果和薯类,此类食物含有人体所需的各种维生素和矿物质,对运动员的心血管健康以及抗病能力的增强都具有重要的作用。

(4)体能训练期间,运动员可吃适量的鱼、禽、蛋、瘦肉,少吃肥肉和荤油。运动员不要摄入过多的肉类食物,否则会引起肥胖,从而影响运动能力。

(5)体能训练期间,运动员每日的食量与体能训练运动量要保持平衡,保持适宜体重。在体能训练之后,运动员对能量的需求会相对增加,如果能量供应不足,会造成运动员的消瘦和抵抗力的下降;反之,则会造成运动员的肥胖。因此,应保持食量和

能量消耗的平衡。

第三节　体能训练的伤病及处理

受多种因素的影响，体能训练中难免会有伤病的发生，正确和及时处理这些伤病对于减少伤病对棒垒球运动员的损害具有重要意义。

一、体能训练中常见运动性损伤及其处理

根据棒垒球运动员在体能训练中的易受伤部位划分，常见运动性损伤及其处理具体如下。

（一）肩部损伤

肩关节损伤是指肩关节的反复旋转或超常范围的活动，引起了肩袖肌腱和肩峰下滑囊受到肱骨头与肩峰或喙肩韧带的挤压、摩擦和牵扯。棒垒球运动中的传球、接球、投球技术训练甚至是扑垒摔倒都有可能造成肩部损伤。而且一些技术动作的失误也会引发肩部损伤。

症状：一般来说，运动中肩部损伤后患者常感肩痛，尤其是上臂外展 60°～120°区间。肩部活动受限，肌肉萎缩，肱骨大结节处有压痛。

处理：急性发作期间，应暂停训练，肩关节制动，上臂外展 30°固定，以减小有关肌肉张力而减轻疼痛症状。

(二)肘部损伤

1. 肘关节内侧软组织损伤

棒垒球运动中运动员肘关节内侧软组织损伤,多因双方队员争球时,一方队员用力较猛,造成前臂力量较弱的对方队员的肘关节被动外翻和过伸,或因摔倒时前臂保护性外展、外旋支撑而致伤。

症状:肘部损伤的伤患最为多见的是内侧韧带撕裂伤,严重受伤时往往合并其他组织的损伤,如尺侧关节囊撕裂、肘脱位等。受伤后肘关节尺侧疼痛、肿胀,关节功能障碍,肘内侧有明显的压痛点。

处理:现场用氯乙烷喷湿局部后压迫包扎,前臂旋前、肘屈90°位,用托板或三角巾固定于胸前,冰袋敷局部。

2. 肘关节脱位

肘关节脱位多因队员倒地时前臂保护性外展、外旋、后支撑所致,其中后脱位最常见。

症状:伤后局部疼痛,关节畸形,功能障碍。

处理:现场急救可进行氯乙烷局部麻醉降温,绷带包扎,依肘受伤后的肢体位(角度)托板固定,用三角巾挂于胸前,冰袋继续敷局部。

(三)腰部损伤

1. 急性腰扭伤

腰扭伤就是通常所说的闪腰,这是体能训练中最常见的急性损伤之一,通常在做腰部伸展或倒立动作时容易发生。腰部急性损伤包括肌肉、韧带损伤及关节扭伤等,90%发生于腰骶部和骶髂关节。在棒垒球运动中，投球运动员与击球运动员技术实施不当，很容易造成腰部扭伤，主要是由于运动动作超越脊柱活动范围导致的。

症状：伤后脊柱发生生理性变形，如弯曲度改变或出现侧弯；弯腰时腰部出现疼痛且屈度减小或相应部位肌肉痉挛。在行走时，受伤一侧不敢发力，影响正常行走活动。急性腰扭伤通常在受伤局部有较明确的压痛点。

处理：受伤后应尽量让患者平卧休息，冷敷患处。不建议盲目使用手法治疗。

2. 腰肌劳损

棒垒球运动员如果患有急性腰扭伤后并未根治，并且腰部的活动量和负荷量仍旧未减，久而久之形成了腰部肌肉、筋膜、韧带等组织的慢性损伤。

症状：患者经常出现腰部酸、胀、痛等症状，特别是在进行完高强度、大运动量训练后酸痛感更为突出，这种不适感甚至还会放射至腰部周边部位，影响队员的正常训练，甚至对生活也会产生一定影响。腰肌劳损在腰部有明显的压痛点，同时在直抬腿试验中呈阳性。

处理：出现劳损时，除了对运动员的运动量和局部负荷进行相应的调整外，还应采用按摩、揉捏、搓等手法依次反复按摩和点压髌骨周围穴位。

（四）膝部损伤

1. 膝关节韧带损伤

棒垒球运动的技术对人体膝关节的负荷能力有较高要求（尤其是堡垒者的膝灵活度是较高的），此外，如果运动员在投球转身过程中，中枢脚及小腿固定，大腿随躯干突然内收内旋，在膝关节处的扭转力，或来自膝外侧的一个向内侧的冲撞力都很容易造成膝关节韧带损伤。

症状:当出现膝关节韧带损伤后表现为膝内侧短暂剧痛,韧带受伤部位有明显压痛点,常伴有半腱肌、半膜肌痉挛。

处理:弹力绷带做“8”字形(内侧交叉)压迫包扎,继续用冰袋冷敷。经此处理后可酌情继续上场比赛。韧带完全断裂者则病情症状明显加重。在完成上面几种处理方式后在利用棉花夹板固定并及时送往医院做更进一步的处理。

2. 髌骨劳损

髌骨劳损,又称“髌骨软骨病”和“髌骨张腱末端病”,这两种疾病视损伤缘由可能单独发生,也可能一并发生。因此两种损伤的原理及症状大体相似,故统称为“髌骨劳损”。棒垒球运动体能训练中,运动员很有可能发生的一次直接外伤(髋骨部冲撞或牵扯)。

症状:髌骨劳损发生后,会使人出现膝软与膝痛感。在早期,髌骨劳损只出现在大运动量训练之后,然而不适感会随着休息逐渐消失。

处理:目前无特效疗法,建议发病后尽量采取练治结合的方法缓解治疗。另外,对髌骨劳损的处理方法还可以采用按摩疗法、短波理疗(中药渗透药外敷或关节腔内注射药物)、单手拇指刮法、髌骨按压法等缓解和消除疼痛。

3. 膝内侧副韧带损伤

棒垒球体能训练中,运动员常因场地、技术(如跳起后落地姿势不佳)、关节稳定性、身体机能状况不佳、准备活动不足、对抗能力与自我保护能力差等原因,导致小腿突然内收内旋,或小腿与足固定、大腿突然外展外旋,造成膝关节内翻,引起外侧副韧带损伤。

症状:伤后出现痉挛性疼痛。膝内侧压痛、肿胀、皮下瘀血、小腿外展或膝伸时疼痛与功能障碍。关节内积血是严重的联合损伤的信号，意味着关节内韧带损伤，半月板可能撕裂。侧扳试验呈阳性。

处理：现场立即冷敷、加压包扎、制动，减少出血、止痛，以避免并发症。伤后24小时左右可视伤情采取中药外敷或内服、按摩、理疗、康复训练等手段，促进淋巴和血液循环，加速渗出液和积血的吸收。膝内侧副韧带不完全断裂的早期治疗，主要是防止创伤部继续出血，并适当固定。膝内侧副韧带完全断裂最好的治疗方法是手术缝合。

（五）足踝部损伤

踝关节韧带损伤或扭伤经常发生与运动员跳起落地时造成踝关节内旋等有关。

症状：损伤后踝关节外侧疼痛，局部肿胀，皮下瘀血，有明确的压痛点，不能立即行走。

处理：踝关节损伤的处理主要有以下几种常见方式。

（1）冰袋冷敷。冰袋冷敷是踝关节损伤后的最佳应急处理办法，若无条件则可用凉水降温。但是这种方法只能起到缓解的作用，并不能完全依此治疗。

（2）抬高患肢。抬高患肢也是缓解踝关节损伤的有效方法。被抬高的患肢可促进静脉回流，防止局部肿胀。

（3）患肢制动。将受伤足固定，以此达到减轻局部韧带张力和防止进一步出血的目的。

（4）踝关节扭伤急救时可以压迫痛点止血，抬高伤肢，然后用较大的棉花块或海绵垫加压包扎。不过鉴于踝关节以及周边韧带的结构较为复杂，因此在受伤后未确切诊断之前不建议盲目使用手法治疗。

（六）其他部位损伤

1. 手指挫伤

症状：受伤手指及周边范围有明显肿胀且伴有强烈疼痛，这种痛感会因为压迫而增大，出现手指功能障碍。

处理：手指挫伤的快速处理方法为用冷水冲淋。通常休息一段时间后疼痛可减轻，几天后痛感消除，能做屈伸动作。

2. 大腿后部屈肌拉伤

症状：有明显受伤动作和受伤过程；局部疼痛，伴有肌肉紧张、僵硬，肿胀处可伴有瘀血；患者做肌肉主动收缩和被动牵伸动作时，局部有明显压痛，受伤肢体有功能障碍；发生肌肉断裂者，在肌肉断裂部可触摸到凹陷或出现一端异常膨大，或呈“双峰”畸形。

处理：

（1）肌肉微细损伤或伴有少量肌纤维撕裂者，伤后应立即给予冷敷，局部加压包扎，休息时应抬高患肢。

（2）24～48 小时后可开始理疗和按摩，按摩时手法宜轻柔，伤部仅能做些轻推摩，伤部周围可做揉、捏、搓等，同时配合点压穴位（宜取伤周穴位）。

（3）如肌肉大部或完全断裂者，在局部加压包扎并适当固定患肢后，应立即送往医院诊治。

3. 面部损伤

症状：临床上都有急性外伤史。凡挫伤，局部有轻度肿胀，且逐渐加重。若眼眶挫伤、眉区裂伤，伤后 2～3 天肿胀明显，眼裂变小，甚至眼睛不易睁开。

处理：

（1）凡挫伤，24 小时内局部冷敷，24 小时后热敷，促进消肿和皮下瘀斑的吸收。

(2)凡裂伤,伤后6小时内清创缝合,伤后24小时内用破伤风抗菌素,预防破伤风杆菌感染。

(3)骨折、牙齿断裂者,需去专科医院诊治。上述损伤应先处理骨折。对创伤性滑膜炎应加压包扎,用夹板或石膏固定2～3周。伤后3～5天可以进行理疗、按摩、外敷中药等治疗。

二、体能训练中常见运动性疾病及其处理

(一)岔气

岔气是指运动时发生与腹痛位置不同的突然性胸壁或上腹近肋骨处的疼痛现象。棒垒球运动员的耐力跑训练中,运动员呼吸调节不当容易岔气。

症状:岔气后,胸壁或上腹近肋骨处出现明显的疼痛,说话、深呼吸或咳嗽时局部疼痛,按压疼痛部位有明显压痛感。

处理:

(1)深吸气后憋住不放,握拳由上到下依次捶击胸腔左、右两侧,亦可用拍击手法拍击腋下,再缓缓做深呼气。

(2)连续做深呼吸,同时用手紧压疼痛处可有一定程度的缓解。

(3)用食指和拇指用力捻捏内关和外关穴,同时做深呼吸和左右扭转身躯的动作。

(二)肌肉痉挛

肌肉痉挛就是通常所说的抽筋。肌肉痉挛是指肌肉突然不由自主地强直收缩,主要症状是肌肉隆起并异常坚硬,有疼痛感,短时间内不易恢复。人体的腓肠肌、足底的屈拇肌和屈趾肌最容易发生痉挛。

症状:发病急,局部发生不自主肌肉强直收缩,僵硬,疼痛难

忍且一时不易缓解，痉挛肌肉所涉及的关节出现运动障碍。

处理：

不同部位的肌肉痉挛会有不同的处理方法。

(1)上臂肌肉痉挛：握紧拳头，最大幅度屈肘，然后用力伸直上臂，重复做几次即可。

(2)手指肌肉痉挛：将五指收缩握紧成拳，然后用力伸展五指，反复几次即可。

(3)大腿肌肉痉挛：将产生肌肉痉挛的大腿弯曲，同时弯曲膝盖，然后双手用力抱着小腿，尽可能使小腿贴在大腿上做振压动作，最后向前用力蹬直。

(4)小腿肌肉痉挛：将产生肌肉痉挛的小腿伸直，然后用手向里掰脚拇指，保持这个动作直至小腿恢复正常即可。

(三)运动中腹痛

运动中腹痛是指棒垒球体能训练中，运动员因生理和病理原因而发生腹部疼痛的一种疾病。通常是由于准备活动不充分，胃肠痉挛，腹直肌痉挛，呼吸紊乱等原因造成的。

症状：安静时不痛，运动中或结束时腹痛。一般无其他伴随症状。腹痛的部位常与病变脏器的位置有关：肝胆疾患或瘀血，多表现为右上腹痛；脾郁血多表现为左上腹痛肠痉挛；蛔虫病多表现为腹中部痛；胃十二指肠溃疡、胃炎，多表现为中上腹痛；呼吸肌痉挛多表现为季肋部和下胸部锐痛；阑尾炎在右下腹疼痛；宿便多表现为左下腹痛。

处理：

(1)运动中发生腹痛时，一般只要减低速度，加深呼吸，用手按压疼痛部位(或弯着腰跑一段)，疼痛即可减轻，以至消失。

(2)上述处理无效时，应停止运动。炎热天气时，口服十滴水或普鲁苯辛(每次 1 片)，针刺或用手指点揉内关、足三里、大肠俞等穴位，能有效缓解腹痛。

(3)如果为腹直肌痉挛，则可进行局部按摩，上述措施不见效，就应请医生处理，以防有腹部外科急症误诊而延误病情。

（四）运动性低血糖

棒垒球运动员在空腹参加体能训练时容易发生运动性低血糖症状，具体是指运动员血糖浓度低于50毫克/分升的症状。运动性低血糖在体能训练中比较常见。大都是因为长时间高负荷的体能训练后，运动员体内血糖的大量消耗和减少可造成运动性低血糖。或者是运动前饥饿，肝糖原储备不足，不能及时补充血糖的消耗导致运动性低血糖。另外还可能是因为交感神经活动增强和反应性肾上腺素释放过多，及中枢神经功能障碍可致低血糖。

症状：轻者倦怠（进食前特别明显），心烦易怒，面色苍白、多汗或冷汗，身冷，体温低，心跳快速，呼吸浅促，眩晕，头痛，视力模糊，迅速或强烈的饥饿感等；重者视物模糊、焦虑、定向障碍（如返身跑）、步态不稳、出现幻觉、狂躁、精神失常，最后意识丧失、昏迷。部分患者诱发脑血管意外、心律失常及心肌梗塞。

处理：

（1）神志清醒者可饮浓糖水或吃少量食品，一般短时间内即可恢复。不能口服者，可静脉注射50%葡萄糖40～100毫升。

（2）昏迷不醒者，可针刺人中、百会、涌泉、合谷等穴，并迅速请医生前来处理。

（五）中暑

在炎热的夏季参与棒垒球体能训练，如果训练安排不合理会导致运动员易发运动性中暑，运动性中暑是中暑的一种，由运动导致或诱发，指肌肉运动时产生的热超过身体能散发的热而造成运动员体内的过热状态。大都是因为在炎热的天气下长时间进行训练，身体疲劳、失眠、失水、缺盐；对高温环境适应能力差导致。

症状：中暑早期有头晕、头痛、呕吐现象。逐步发展为体温升高，皮肤灼热干燥。严重者精神失常、虚脱、痉挛、心率失常、血压下降，甚至昏迷并危及生命。

处理：

（1）当有先兆或轻度中暑时，应迅速撤离高温环境，至通风阴凉处休息，解开衣领，并服用清凉饮料、浓茶、淡盐水和解暑药物等。

（2）对病情较重的患者，应立即移到阴凉处，让其平卧。根据不同的病情，分别处理：中暑痉挛时，牵伸痉挛肌肉使之缓解，并服用含盐清凉饮料；中暑衰竭时服用含糖、盐饮料，并在四肢做重推按摩。症状重或昏迷患者，可针刺人中、涌泉、中冲等穴，并应迅速送往医院进行抢救。

（六）冻伤

冬季的户外棒垒球体能训练，防护动作不到位或运动员热身运动不充分者易发冻伤，冻伤是机体的某一部分组织因寒冷侵袭而出现血循环障碍，如水肿、水泡、坏死等损害的症候群。原因是人体长时间暴露在寒冷环境下，体温过度下降，血液循环障碍和细胞代谢不良。

症状：受冻部位无痛感，变得苍白或蜡黄，有水肿和大疱、坏疽以及肌肉、肌腱组织和神经损伤。

处理：

（1）Ⅰ度冻伤：禁用火烤或热水烫，也不要用雪水摩擦，应迅速放在38℃～40℃的温水复温，但水温不可超过45℃，以免发生烫伤。复温后，局部可涂冻疮膏。也可用酒精棉球经常轻轻揉擦，使局部皮肤微红即可。注意患部保暖和清洁，避免因痒搔破。

（2）Ⅱ度冻伤：小水泡不要弄破；较大的水泡，在局部消毒后用针头刺破，然后进行包扎。若已溃，可搽紫药水或消炎软膏后再包扎。

（3）Ⅲ度冻伤：及时去医院接受治疗。

第四节　体能训练的自我医务监督

优秀的棒垒球运动员十分了解自己的身体，能很好地控制自己参与体能训练的各项指标和内容，并能通过知识和主观感觉感受机体的危险信号，及时调整训练内容和时间。良好的自我医务监督是棒垒球运动员科学体能训练的重要安全保障。

一、体能训练自我医务监督的生理指标

体能训练医务监督的生理指标有脉搏、血压、血糖、血红蛋白、血乳酸、血尿素、心电图、肺活量等。其中有许多指标需要借助仪器测得，对于运动员自身来说不好操作，下面重点介绍以下几种。

（一）训练强度指标

体能训练效果的获得在很大程度上是由运动的强度这一因素决定的。有很多方法都能够对运动的强度作出判定。

1．最大吸氧量的百分比

通常而言，身体处于健康状态的人的运动强度大约占最大吸氧量的 60%～70%，运动员的运动强度可比正常成人高出 10%。

2．无氧阈

运动强度通过无氧阈来表示具有如下优点。第一，运动强度在达到无氧阈之前乳酸还没有在体内堆积，所以机体不容易出现疲劳，能够将运动的时间进行适度的延长。第二，呼吸不通畅或难以正常呼吸的情况不容易在运动中出现。第三，不需要

进行最大运动量就能够对运动中的氧代谢能力进行测定，具有客观性及安全性的特点。第四，能够在结束运动一段时间后再对无氧阈进行测定，比较运动前后反映出的变化，以对运动效果作出判定。

3. 靶心率

最大心率是机体达到最大运动强度时的心率。运动强度达到最大时，心脏已经将自身的功能发挥到了最大限度。靶心率指的是人体完成最大做功的 60％～70％时的心率，运动适宜心率是靶心率的又一说法。据研究表明，人体运动的心率控制在靶心率范围内时，体能训练的效果较好，而且能够使身体的安全得到有力的保障。棒垒球运动员体能训练的靶心率计算为：

靶心率＝170－年龄

（二）训练时间指标

一般的，人体通常连续做 20～40 分钟的运动就能够收到预计的训练效果。在这一范围内，效果随着运动时间的增加而增强。倘若以靶心率来对运动强度进行判定，运动时间的选择可采用以下 3 种方案。

（1）连续一个小时 50％靶心率的运动。

（2）连续半个小时 60％靶心率的运动。

（3）连续四分之一个小时 70％～80％靶心率的运动。

无论进行多长时间的体能训练，运动员在进行运动前要做好准备活动，同时运动结束后要做好整理活动，以有效预防运动伤病的发生。

二、体能训练自我医务监督的感官指标

体能训练中的自我监督是指运动员对自身的健康状况、身体反应、功能状况等进行自我观察和检查。

(一)主观感觉

自我感觉是运动员在训练中最直观的反应,有利于运动员及时发现问题,尽早查明原因,及时采取有效措施。常见指标有以下几种。

1. 精神状态

运动员精神状态包括两个方面,即正常感觉和不良感觉。前者主要表现在运动后疲劳消除较快,功能恢复较快,精神饱满,无全身不适感;后者主要表现在运动后四肢无力、肌肉酸痛、关节疼痛、头痛、恶心、上腹部疼痛等,这多是身体状况不良或运动量过大的表现。

2. 运动心情

运动心情可分为渴望锻炼、愿意锻炼、不愿意锻炼三种,主要反映有无训练欲望。如有训练的欲望则表明身体的机能状况良好。如果健康状况不佳或过度训练时,就会出现心情不佳、厌烦情绪。

3. 睡眠

睡眠是反映神经系统功能状态的指标。睡眠状态良好,长期睡眠不好,说明训练负荷已超过了运动员机体的负担能力,或机体已过度疲劳,应及时调整训练。

4. 食欲

食欲是反映中枢神经系统是否疲劳的重要指标。训练适当,运动后食欲好,想进食,食量大。训练过度,运动后不想进食,食量减少,并长时间不能恢复食欲,表明中枢神经系统已经疲劳。

5. 出汗量

虽然出汗量的多少与运动量、训练程度、饮水量、空气温度、湿度、衣着厚薄等多种因素密切相关。但观察出汗也可以作为运动员自我训练医务监督的重要指标，在观察出汗时，应特别注意是否有盗汗。

盗汗即夜间睡眠中出大量冷汗的现象，是植物神经系统功能紊乱或身体疲劳的表现，也是内脏器官患病的征兆，应高度注意。一般的，训练期间如果其他条件相同，出汗多则表明技能水平下降。

训练实践中，运动员可根据具体情况记录自己的主观感觉，为训练的调整提供依据（表 5-2）。

表 5-2　自我感觉填写表（周表）

项目 时间	训练心情	排汗状况	食欲状况	睡眠状况	营养补充状况	对训练负荷的承受力	有无运动性疾病	有无训练损伤发生
周一								
周二								
周三								
周四								
周五								
周六								
周日								

（二）客观感觉

1. 脉搏

正常人的脉搏和心跳是一致的。脉搏的频率与年龄、性别、运动、情绪、休息和睡眠密切相关。脉搏与训练水平也密切相关。

在体能训练初期，经过一段时间的体能训练后，棒垒球运动员的心脏机能增强，脉搏可逐渐减少，一月后可减少到65～72次/分。运动量适宜时，训练后一小时内脉搏即可恢复到训练前水平；训练量较大时，经过一夜的休息，次日凌晨脉搏可恢复正常；训练量大时，运动过程中脉搏可达到140～180次/分，训练结束一小时后恢复为90～100次/分，次日可恢复到80～90次/分，以上三种情况都属于生理性疲劳。若次日早晨脉搏仍维持在90～100次/分或者更高，则说明前一天的训练强度和量过大，机能反应不良，疲劳未能消除或存在感染，应调整训练。

2. 体重

一般来说，健康成人的体重是相对稳定的，系统的体能训练期间，体重变化呈现以下三个特点。

第一阶段：经过一段时间的训练，因失去过多的水分和脂肪体重有逐渐下降的趋势，一般下降2～3千克。持续下降3～4周。

第二阶段：体重处于稳定时期。训练后体重减轻，但在1～2天内得到完全恢复。这个阶段持续5～6周以上。

第三阶段：长期坚持训练会使肌肉等组织逐渐发达，体重有所增加，并保持在一定的水平上。如果体重减轻了2～3千克以上，则可能是运动量太大。如果减少运动量，体重仍不回升，应去医院检查。

3. 运动成绩

科学合理的体能训练，运动员的运动成绩能逐渐提高，并保持在较高水平。如果运动成绩长期不提高或下降，则反映了运动员身体机能状况不良和早期过度训练两个方面的问题。

三、女运动员月经期体能训练自我监督

受生理特点的影响，女子棒垒球运动员在月经期间参加体能训练，应特别注意合理安排训练。但也不必过度紧张和在意，女运动员大可不必有思想顾虑，在体能训练期间可进行适当心理训练和调整，以解除各种不良的心理情绪。

(一)一般安排

根据女子运动员月经周期运动能力变化的一般生理规律可知，月经期间从事适当的运动训练是有益无害的。

女子棒垒球运动员在月经期间参与体能训练，训练负荷的安排应遵循以下规律：从月经来潮的前一周开始，要逐渐减少训练负荷，直到月经期内要维持相对较小的训练负荷。月经后期要逐渐增大训练负荷，月经后一周达到相对最大的负荷，并维持一段时间后，在下一次月经的前一周逐渐减小训练负荷。以此类推，循环往复。

如遇到赛前月经期集训，运动员应及时与教练员沟通，安排训练。

(二)个体安排

在月经周期内，女运动员运动能力的波动具有个体差异性。一般安排很难与每名运动员月经周期运动能力的变化规律相一致。为了提高女子运动员月经期内科学训练的严谨性，应在遵循集体训练的基础上，做适当调整，重点考虑以下几个方面。

(1)在月经期和月经期后一周出现成绩高潮，在一定程度上反映出了超量恢复的规律。一般在月经期前往往会安排大负荷的训练，月经期开始后进行调整。

(2)月经期训练适应包含着运动员生理和心理两个方面，女

子运动员应认真学习必要的经期卫生、心理知识，以排除心理顾虑。

（3）短时间的月经来潮紊乱，可以反映出运动员对经期训练不适应或过度疲劳。可逐步适应或调整运动负荷，使月经逐步恢复正常。长期月经间隔短于 20 天或长于 60 天，甚至闭经或出血不止的女子运动员应进行必要的妇科检查。

（4）女子运动员月经期间训练应尽量减少增大腹压的练习和承受大重量并带有憋气的动作。以免使月经血量增多，时间长还可能引起子宫及附件移位，影响生殖机能。

（5）女子运动员在月经期间参与体能训练应注意卫生，尤其是在阴雨天和泥泞地进行训练或比赛更要注意，以避免引发感染。

附录

附录一　棒垒球运动术语

一、棒球运动术语

(一)老 K

老 K,即三振,三击不中而出局,是比赛中最为糟糕的出局方式。

(二)得分

一名进攻队员在本垒击球,然后依次占领一垒、二垒、三垒,并最后冲回本垒就可以得到 1 分。

(三)接杀

防守方队员在进攻方队员击打出一腾空球的时候,在球落地之前,将球合法接住,这样就判该进攻方队员出局,简称为“接杀”。

(四)封杀

被迫进垒的进攻方队员在晚于球到达目标垒(守方队员接到球并用身体的一部分接触垒位,即为球到达)的情况下将被判出局,这种局面无需触杀。如击跑员在达到一垒前一垒手已经接到球并用脚踩了一垒垫(垒位上的方形垫子,用以标示垒位),那么击跑员被封杀出局。若击跑员先到达一垒,则击跑员安全,这时一垒就已被攻方占领。

(五)触杀

触杀是出现在内野防守中的短兵相接,进攻方队员上垒后,一离开垒垫就成为守场员的狩猎目标,守场员(即防守方队员)持球在手,该持球手在跑垒员(进攻队员上垒后就成为跑垒员)退缩回垒垫前触及其身体的任意部位,都判该跑垒员出局,简称为触杀。进攻方队员只有在用身体的一部分接触到一垒或二垒或三垒或本垒的垒位才是安全的,从理论上来说,只要进攻队员离开垒位,他就有被触杀出局的可能。

(六)被迫进垒

对于被迫进垒的跑垒员可以采用封杀,而非被迫进垒的话跑垒员不存在封杀可能性。举例来说,一垒有进攻队员(称之为一垒跑垒员),击球员将球击在界内,这时击球员要进入一垒。根据规则规定一个垒位不能有两个跑垒员同时占有,所以这时一垒跑垒员处于被迫进垒局面,他必须设法进入二垒才能安全。防守方若想将一垒跑垒员杀出局,只要在他到达二垒前将球传到二垒并踩二垒垫,就可以将其封杀出局,而无需触杀。被迫进垒共有以下三种局面。

(1)一垒有跑垒员时。

(2)一垒和二垒同时有跑垒员时。

(3)一、二、三垒同时有跑垒员时。

(七)安打

在棒球比赛中,进攻方击出一球后,该球在赛场有效范围内,使得防守队员在尽了最大努力的情况下仍无法成功地阻止进攻方的上垒或得分行为的进攻就叫做安打。与之相对的就是由于防守队员的失误造成的进攻方上垒或得分,这种情况不记进攻方的"安打",而记防守方的"失误",所以安打一定是防守方竭尽全力仍无法阻止进攻方的胜利的情况。

二、垒球运动术语

(一)进攻术语

击出之球:即投出之球触着球棒,或被球棒击中之后,无论落在界内区或界外区者都属于击出之球。需要说明的是,无意之击球也属于击出之球。

击球区:即限制击球员的打击区域,击球员在该区内意图协助队友得分,其区域的边线亦包括在内。在投球之前,击球员之双脚必须完全在击球区线之内。

障碍球:即击出或传出之球,被未参与比赛的人触着、挡住、抓住或触着非正式比赛用具,或非比赛球场之任何物体。

四坏球上垒:即击球员获得四个坏球时,裁判员给予击球员安全进至一垒。需要注意的是,若投手有意投四坏球时,仅告知司球裁判即可。不必投球就可以保送击球员上一垒。

打击顺序:即进攻队正式上场比赛的球员名单,其球员必须依此顺序上场打击,且名单上必须记载各球员的防守位置及球衣号码。

击球员:在击球员区内击球的队员。

击跑员:即球员在完成打击之后,尚未到达一垒,亦未被判出局的球员。

跑垒员:安全到达一垒后继续进行进攻活动的队员。

触击球:不挥动球棒但有意等球碰棒或用棒轻触来球,使球缓慢地滚入内场的击球。

擦棒球:碰触球棒后迅猛而直接地到达接手手中,并被接住的击球叫“擦棒球”。没有接住就不是“擦棒球”。每一“擦棒球”均判“一击”,继续比赛。

内场腾空球:在二人出局前,一、二垒或一、二、三垒都有跑垒员时,击球员合法击出落在内场或内场附近,并为守场员(包括外场手)轻易接住的界内腾空球(平直球和触击腾空球除外)叫“内场腾空球”。这时判击球员出局,继续比赛。

牺牲打:击球员牺牲自己安全上垒的权利而使跑垒员进垒得分的击球。

盗垒:跑垒员在投手投球时试图进占下一个垒位的行为。

(二)防守术语

封杀:守场员对击跑员进行传杀或对由于击跑员上垒而被迫进垒的跑垒员进行传杀的防守行为称作“封杀”。这种攻守局面叫“封杀局面”。

触杀:守场员用手或手套牢固地将球握住,同时以身体任何一部分触垒或持球的手或手套碰触跑垒员的防守行为。

双杀:守场员防守无失误而使进攻队两名队员连续出局的防守行为。

三杀:守场员防守无失误而将进攻队三名队员连续传杀出局的防守行为。

选杀:守场员在处理界内地滚球时不传杀击跑员而传杀前位跑垒员出局的防守行为。

暴投:偏离本垒板致使接手无法经过正常努力接住的投球。

失误:守场员经过努力没有接住球或传好球,致使进攻队队员安全进垒或得分的防守行为。

（三）裁判员术语

好球：投手的合法投球符合下列任何一种情况时称作“好球”。

（1）击球员击球或触击未中。

（2）击球员未挥棒击球，但该投球的任何部分在飞行状态中通过了好球区的任何部位。

（3）击球员两“击”前击成的界外球。

（4）击球员触击成的界外球。

（5）投手投出的球通过“好球区”在未落地前触及击球员。

（6）击球未中而球触及身体。

（7）“擦棒球”。

坏球：投手合法投出的没有直接通过“好球区”而击球员又未挥击的投手投球。

安全：裁判对跑垒员合法取得欲占垒位的裁定。

出局：进攻队队员被取消击球、跑垒或得分的权利，或者防守队为使本队改守为攻，使进攻队失去 3 次进攻机会之一称作“出局”。

界内球：合法击出的球如遇下列任何一种情况时均为“界内球”。

（1）停止在本垒至一垒或本垒至三垒之间的界内地区。

（2）击球在界内地区触地后越过一、三垒垒位后从垒位后面的界内地区滚出外场。

（3）触及一垒、二垒或三垒垒包。

（4）落在一、二垒和二、三垒的垒线上或该线外的界内地区。

（5）在界内触及裁判员、比赛队的队员身体。

（6）从界内地区上空直接越出本垒打线。

界外球：合法击出的球如遇下列任何一种情况时均为“界外球”。

(1)停止在本垒至一垒或本垒至三垒之间的界外地区。

(2)地滚球在经过一、三垒垒位时,从垒位外侧的界外地区滚入外场或继续滚出界外地区。

(3)腾空球第一个落点在一、三垒垒位后界外地区。

(4)在界外触及裁判员、比赛队的队员身体。

申诉:即在比赛中或死球时,裁判员未接受防守球员、指导或教练请求前,不得作出判决。申诉必须在投手投出次一球之前提出,无论其投球合法与否。若在攻守交换或比赛结束所有防守队员离开界内区时提出,则不予接受。若是防守球员提出申诉,其必在内野区。

投手犯规:垒上有跑垒员时,投手的不合法行为称作"投手犯规"。这时判跑垒员安全进一个垒。

得分:进攻队队员击球后跑垒并依次踏触一、二、三垒,最后安全踏触本垒的进攻行为。

暂停:裁判员按规定暂时中断比赛时所宣布的口令。

妨碍:进攻队员阻碍、阻止或干扰正在进行防守的守场员的行为。

阻挡:守场员没有持球,也不是在接球而妨碍跑垒员进垒的行为。

(四)技术统计术语

好球区:在本垒板的垂直上空,高度在击球员肩部上沿与裤腰上沿之间的水平线,低限在双膝上沿之间的立体区域称作"好球区"。好球区的范围根据击球员准备迎击投球时所采取的自然站立姿势确定。

局:比赛双方分别因 3 人出局而交换攻守各一次称作"一局"。一方一次进攻称作"半局"。

死球:暂停比赛的击球、传球、投球称作"死球"。这种暂停比赛的局面称作"死球局面"。

活球:处于继续比赛过程中的球。

安打率:安打率=安打总数/自由击总数,它是衡量击球员击球效果的重要技术指标。

防守率:防守率=接杀+阻杀/接杀+阻杀+失误,它是衡量守场员防守效果的基本参数之一。

投手责任失分率:投手责任失分×9/投手投球的局数,它是衡量投手投球技术水平高低的主要指标。

附录二 棒垒球运动场地器材

一、棒球运动场地器材

(一)棒球运动场地

棒球比赛场地的形状是直角扇形,面积很大,风格独特,以内场区草地线为界,分成内场区和外场区,内场区是27.43米见方的正方形内场和内场区地线以内的地区,内场地区草地线以外到本垒打围网以内的大片地区为外场区:正方场地的每一个角就是一个垒位,它们的名称是一垒、二垒、三垒和本垒,内场的中间有一个高出地面的土包是投手区,土包上有一块长61厘米宽15厘米的投手板,标明投手投球的位置,成人投手的投球距离是18.44米,少年投手的投球距离是16米,规则对投手使用投手板有很严格的规定;本垒后面18.29米处是后挡网,一、三垒线外18.29米处是围网,与后档网和本垒打挡网连成一体,外场区中间最远处121米,向两侧与围网97米处连成弧形的是本垒打围网,后挡网与两侧围网和本垒打网形成了封闭的有效区,在有效区内发生的一切攻守行为全部都视为有效。

(二)棒球器材

棒球器材主要包括场地设备器材、运动员专用器材和训练辅助器材三大类。

1. 场地专用设备器材

(1)内场器材:垒包,本垒板、投手板。

垒包:三块,38 厘米见方,厚 7.6 厘米,用白色帆布或塑胶制成,分别固定在一垒、二垒、三垒垒位上,标明垒位位置用。

本垒板:本垒板一块,呈五角形,有规定的尺寸,安装在本垒处与地面齐平,标明本垒的位置,是攻守双方得分与否互相争夺的标志物,可用厚木板或橡胶板制成,必须是白色。

投手板:一块,固定在内场中央的投手包上,标明投手投球的规定地点,长 61 厘米、宽 15 厘米,可用白色厚木板或硬橡胶制成。

(2)外场器材:后挡网和围网。

后挡网:后挡网是固定在以本垒角顶为圆心,18.29 米为半径所划的 90°弧线上,并向两侧延长到适当的位置,网高一般要在 10 米以上,用于挡住本垒后面接手漏接的球或击球员打成本垒后面各种球的专用挡网。

场地围网:连接后挡网与一、三垒场线外 18.29 米处,直到场线顶端的围网,两侧最远处达 97 米以上,网高为 4 米。

本垒打围网:指连接两侧有效区围网端点,到场地正面 121 米处,呈圆弧形的围网,网高 2 米,标明本垒打线的位置,击出的球直接飞越本垒打围网时,即判为本垒打、死球、击球员安全得一分,球在网内为继续比赛局面,有很严格的规则要求。

2. 运动员专用器材

球棒:有木棒和铝合金棒,是进攻队击球员击球的专用器材,不同年龄、级别、有严格的长度、粗细及外形的规定。

手套:防守队员接球用,规则规定,一垒手和扑手可用连指手套,其他场员只可用分指手套,右手投球的左手戴手套,左手投球的右手戴手套,每人一只手套。

扑手护具:扑手在防守时必须戴头盔、护面、护胸、护腿、护喉、护裆,是专用防护用具,规则有严格的规定。

击球头盔:击球员、跑垒员和站在指导区内的跑垒指导员必须戴有护双耳的头盔。

击球员用护肘与护踝:击球员在击球时戴在击球员朝向投手一侧的上臂和小腿上,在打硬式棒球时要戴,以防被投手投球中打伤手臂和小腿。

击球手套:击球员击球时握棒用,有利于握棒增加摩擦力,训练时防止磨伤手掌。

3. 训练辅助器材

(1)投球发射机:投球训练用,用固定投点,控制球速。

(2)击球网笼:击球训练时防护用,用钢管架加尼龙或铁丝网制成全封闭式,大约长 20 米、宽 6 米、高 5 米。

(3)移动防护网片和刀把网:训练时防护和辅助用。

(4)击球架:训练打固定球用。

4. 棒球器材的选择

(1)棒球手套的选择

在选择棒球手套时,首先要看它的皮质好不好,够不够厚,够不够轻。一般来说,棒球手套的皮质主要有一般牛皮、小牛皮、鹿皮、袋鼠皮,比较常见的是前面的三种。通常而言,日本的手套比我国的要好,如果有机会的话建议大家选择日本的手套。至于皮质的好坏要自己去感觉,好的皮会让人觉得舒服,接球时不费力、不别扭。

需要注意的是,棒球比赛中各个守备员使用的手套也存在较大的差异,需要谨慎的选择。

①投手。棒球投手在投球前都会在手套中抓球，因此手套接球的口袋就会做成完全遮住的方式，手套因此会比较大，这种手套除了减少被看到的机会外，还有就是防御时有利于把球拦下。

②捕手。捕手的手套做得特别厚，比较重，相对其他手套来说，灵活度差一些，但是因为捕手是以接到球为第一目的的，灵活度少一些也不成问题。

③一垒手。一垒手的手套通常做得长且大，有一点像削薄的捕手手套，这是因为够大、够长才能利于接球。捕手套手和一垒手手套由于用的材料多一点，所以一般都会贵一点点。其他的手套都会比较小，以方便拿球及接球时的灵活度，而且也比较能掌握接到球的感觉。

④二垒手。由于二垒手打来的球都比较软弱（因右打者多），还有需要搭配演出双杀，因此接球的口袋都会比较浅，有一点像缩小版的投手手套，接到球后可以较快地把球拿出来再传给一垒。

⑤三垒手。三垒手的手套多会做成十字型的，口袋比较深，因为打向三垒的球都相当地强劲，做深一点可以稳当地把球接住而不易落下。

⑥游击手。游击手的性质正好介于二垒跟三垒之间，所以手套的模式也在两者之间，多为“工”字型的。

⑦外野手。由于外野防区极大，因此手套也跟着做得比较大，一般都会做成双十字型的，可以方便接高飞球，不会因手套挡住视线而接不到，越大也就越容易捞到球。

（2）球棒的选择

在选择球棒时，首先要看自己的打击爆发力以及击球点是否大都能集中在棒心，一般东方人比较适合使用日本制的球棒如 Mizuno、Zett 等。如果属于安打型的球员，建议用日本制的棒子，如果属于力量型的球员，建议选用美国制球棒，如 Eastern、Louis 等。

二、垒球运动场地器材

(一)垒球运动场地

垒球运动比赛场地，呈直角扇形，由内场和外场两部分组成。内场为18.29×18.29米的正方形，在扇形的顶端设一五角形的橡皮板，称为本垒；在其它三个角上各设一个四方形帆布垒包，分别称为一、二、三垒；在内场中间的投手区设一橡皮投手板；在本垒两侧各画一个击球区，后侧画一接手区。内场以外的部分称为外场。以本垒板尖角为圆心画一弧线与两侧垒线延长线相交为本垒打线，本垒打线距离，女子不小于60.96米，男子不小于68.58米。内场边沿线的半径为18.29米。本垒板与后挡网和野传球线的距离为7.62～9.14米。

(二)垒球比赛用球

垒球正式比赛用求呈圆状。规则规定比赛用球应整洁光滑，用明线缝合，圆周为30.2～30.8厘米，重量为177～200克。球芯可用优质长纤维木棉、软木和橡胶混合物或聚氨酯混合物制成，再用高质纱线涂上乳胶或橡胶粘结，用手或机器绕成。球的表面用优质铬革、马皮、牛皮或合成材料与球芯粘牢，再用棉线或尼龙线双针缝合而成。针数不少于88针。

(三)垒球球棒

垒球球棒用木或合成金属等材料制成，棒面比较平滑，呈一整体圆柱形。握柄一端较细，用胶带或其他合成物缠绕。最长限度为86.4厘米，重量最大限度为1077克，直径最粗处不得超过5.7厘米，握柄包缠的长度为40厘米。

(四)垒包

垒包一般用白色厚帆布制成,内装棕丝等细软物。一、二、三垒垒包均为边长 38 厘米的正方形,厚 7.6～12.7 厘米。一、三垒垒包应整个放在内场,二垒垒包的中心放在两垒线的交叉点上。垒包应用钉固定在地上,以免发生移动。

(五)垒球手套

垒球手套是垒球运动员比赛时用的接球工具,一般用皮革或人造皮革制成,有连指和分指两种。在垒球比赛中,不同的位置所用的手套也存在一定的差异。一般情况下,接手和一垒手用的是连指手套,即食指、中指、无名指和小指连在一块的手套。这两个位置的队员接球次数多,投球的速度快,所以接手的手套既圆又厚,能有效地保护手;一垒手的手套较长较厚,便于接更大范围的各种来球。其他位置的队员都戴分指手套,但外场手用的手套较内场手的手套稍长、稍薄些。因为内场手传球的次数多,要求便于接稳又容易"掏"出球来;外场手则要在奔跑、跃起等情况下接各种击出的球,首先是能接到球,手套稍长有利于运动员牢稳地接到球。

规则对接手、一垒手用的连指手套以及其他队员用的分指手套在掌宽、指长、虎口上下沿等部位的尺寸都有严格规定。任何一种手套的虎口处都允许用整块皮革缝制或用皮条编成,把拇指与其他手指连接起来,但不得编成网兜状。还允许任何队员使用分指手套。规定要求投手使用的手套必须是同一颜色,而且不准是白色或灰色,以避免与球的颜色相混淆。其他守场员可戴任何颜色的手套,但手套背面不得有白色或灰色球状圆圈。

附录三　棒垒球运动竞赛方法与规则

一、棒球运动竞赛方法与规则

(一)棒球的竞赛方法与编排

循环赛＋交叉淘汰赛的方法被称为混合制竞赛方法，这种方法在棒球竞赛中是最常用的决定最后竞赛排名的竞赛方法。采用这种竞赛制度球队之间的接触机会相对较多，对于业余队来说有利于相互间的交流和水平的提高，而对于职业队来说则能使比赛的结果更加公正。运用这比赛方式时，可以以参赛队的数量和赛期的长短依据，来决定是采用单循环赛＋交叉淘汰赛或者分组循环赛＋交叉淘汰赛这两种不同的方式。

1. 单循环的编排

单循环是指所有参赛队均相互比赛一次，最后按各队在全部比赛中的胜负场数、得分多少排列名次。这种方法通常在参赛队少于8支同时赛期又相对较长的时候较为实用。单循环制的编排可按以下程序进行。

(1)竞赛场数计算公式：N(N－1)/2＝X。

此公式意为：队数(队数－1)/2＝竞赛总场数

假设参赛队为8支，那么总场数结果如下。

竞赛总场数＝[8×(8－1)]/2＝28场

(2)计算竞赛轮次：每个参赛队打完一场比赛为一轮。轮次的具体计算方法如下：参赛队数是偶数时，竞赛轮数为队数减1。如有8个队参赛，竞赛轮数为8－1＝7(轮)。而当参赛队数是奇数时，每轮将有一队轮空，竞赛轮数等于队数。如有7队参赛，那么竞赛轮数即为7轮。

(3)编排竞赛轮次：将参赛队从1～N编号，并将其平均分成两半，前一半号数由1号起自上而下列在左侧，后一半号数自下而上列在右侧，然后用横线将相对的号数联结起来，这就是第一轮的比赛。若遇参赛队为奇数时，则采用“补”0的方法使之成为偶数。遇到0的队该轮轮空。第二轮及以后轮次的排法是：1号位置固定不变，其余的号码按逆时针方向移动一个位置再用横线连结（表1、表2）。

表1　6个参赛队竞赛轮次表

第一轮	第二轮	第三轮	第四轮	第五轮
1—6	1—5	1—4	1—3	1—2
2—5	6—4	5—3	4—2	3—6
3—4	2—3	6—2	5—6	4—5

表2　5个参赛队竞赛轮次表

第一轮	第二轮	第三轮	第四轮	第五轮
1—0	1—5	1—4	1—3	1—2
2—5	0—4	5—3	4—2	3—0
3—4	2—3	0—2	5—0	4—5

(4)编排竞赛日程表：确定了轮次后，按各队抽签号码将队名填入轮次表，即可据此排出竞赛日程表。在编排竞赛日程表时，应遵循各队机会均等的原则，在各方面的安排上都要进行如此考虑。

(5)计分方法和名次排列：单循环制确定比赛名次时，以积分多少排列名次，即胜一场得2分，负一场得0分，积分多者名次列前。若遇两队积分相等，按两队相互间比赛的胜负决定名次，胜者名次列前；若遇三队或三队以上积分相等，按积分相等各队相互间比赛的失分多少决定名次，失分少者名次列前；若相互间的失分数再相等，则按他们在单循环赛中所有比赛的失分多少排列名次，失分少者名次列前。如再相等，则按全队安打率决定名次（高者列前）或按各队间比赛的残垒数排定名次（依次按三垒残垒数、二垒残垒数、一垒残垒数多少排定名次，多者列前）（表3）。

表3　循环赛成绩记录表

成绩 队名 / 队名	A	B	C	D	E	F	积分	名次
A		—	—	—	—	—	—	—
B	—		—	—	—	—	—	—
C	—	—		—	—	—	—	—
D	—	—	—		—	—	—	—
E	—	—	—	—		—	—	—
F	—	—	—	—	—		—	—

2. 分组循环

分组循环是把参赛队分成大致相等的若干组，分别进行单循环比赛，根据单循环比赛成绩排出小组名次后再进行第二阶段比赛。一般在参加比赛的队数多而竞赛时间有限时比较适合这种方法。

3. 交叉淘汰制

淘汰制是通过比赛逐步淘汰失败者，最后决定优胜者的比赛方法。棒球比赛一般都采用先单循环（或分组循环）再加交叉淘汰赛来决定所有参赛队的最终排名。

（1）循环后的交叉淘汰赛（前八名）（图1）。

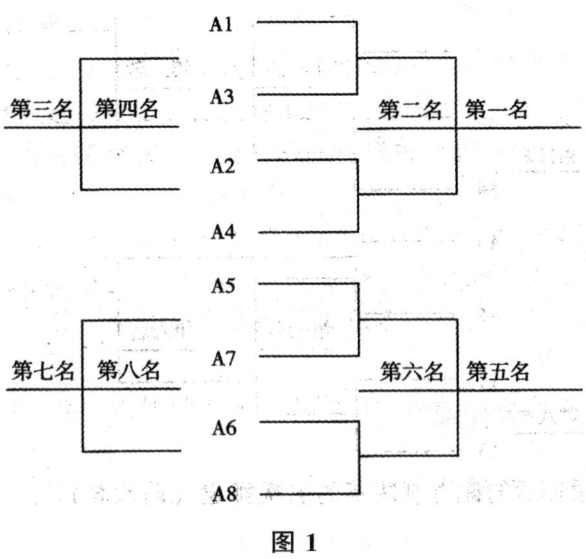

图 1

(2)分组循环后的交叉淘汰赛(前八名)(图 2)。

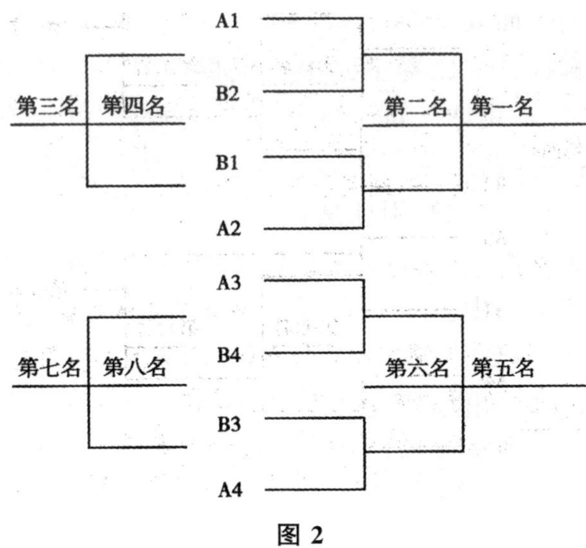

图 2

(二)棒球的竞赛规则

棒球比赛的球场呈直角扇形,有 4 个垒位,分两队比赛,每队9人，两队轮流攻守。攻队队员在本垒依次用棒击守队投手投来的球，并乘机跑垒，能依次踏过1、2、3垒并安全回到本垒者得一分。守队截接攻队击出之球后可以持续碰触攻队跑垒员或持球踏垒以“封杀”跑垒员，当球落地之前防守队员如果接住球，则称之为跑垒员被“接杀”，如果投手对击球者投出三个“好”球，则跑垒者被“三振出局”。攻队3人被“杀”出局时，双方即互换攻守。两队各攻守一次为一局，正式比赛为9局，以得分多者获胜。

1. 比赛前的准备

比赛开始前，裁判员应做下列准备。

(1)严格按规则要求检查比赛器材及比赛队员的用具是否符合规则要求。

(2)认真检查场地上所有的线是否用石灰、白粉或其他物质划清楚(无论土面或草面)。

(3)认真检查由比赛主办单位提供的或主队所领取的符合规则规定的比赛用球。每个球都要包装封好，并附有协会认定的标志。到比赛前由裁判员拆封检查用球，并去其光泽。裁判员是唯一有权鉴定比赛用球是否适用的人。

(4)核实是否有一打(12只)以上的棒球可供随时使用。

(5)裁判员手中至少要有两个可供备用的球。在整个比赛过程中应不断得到补充。如遇下列任一情况时可使用备用球。

第一，球被击出场外或进入观众席时。

第二，球已变色或污损，不宜继续使用时。

第三，投手提出更换要求时。

司线裁判员在攻守行为告一段落或成死球局面时方可将备用球交给投手。传球或击球进入场外或观众席时，必须待跑垒员到达应进入的垒位后方可替换用球，重新恢复比赛。如球被击成本垒打时，裁判员应待击出本垒打的击球员安全返回本垒后方可将备用球交给投手或接手。司球裁判员应在比赛开始前确认符合比赛要求或正式认可的松脂粉袋已放置在投手板后方。

2. 队员的替补

在比赛成死球局面时，替补队员可以随时上场替补，参加比赛。替补队员可替补本队“上场队员名单”上所列任一队员，并按被替补队员的击球次序击球。被替补队员退出比赛后除可担任跑垒指导员外，不得再次上场参加本场比赛。

如果有二人或二人以上的防守队员同时替补时，教练员必须在队员上场前将每个队员的击球次序向司球裁判员说明，并由司球裁判员通知记录员备查。如果没有说明，司球裁判员有权指定替补队员的击球次序。

原投手在同一局中仅限于担任一次非投手的防守位置。

原投手在同一局中因各种原因调换到其他防守位置，在该局中还允许再调回到投手位置，但调回后必须投完该局，不允许再调往其他位置，除非更换投手。

3. 跑垒员的替补

比赛时，不得由“上场队员名单”上所列的开场队员代替本队其他队员跑垒。

4. 投手的替补

(1)在交给司球裁判员的“上场队员名单”所列投手有投球至第一个击球员或其替补击球员完成击球任务(上垒或出局)的义务。除非受伤或生病，司球裁判员认为不能参加比赛。

(2)替补投手要向击球员及其替补员击球员继续投球，直至他们完成击球任务(上一垒或出局)后或一局完了交换攻守时方可被替补(除非受伤不能参加比赛)。

(3)若投手的替补发生错误，裁判员应即指出改由正确的投手投球直至完成规则规定的任务止。如错误的替补投手没有更换而已向击球员投球，则所形成的一切局面均为合法。错误投手一经投出第一个球或者任一跑垒员被判出局，则该错误投手成为合法投手之后进行的比赛为有效。

5. 比赛开始和结束

除非主队事先通知比赛延期或推迟开赛，裁判员一人或数人应于预定比赛开始前5分钟进入比赛场地，并直接走向本垒与双方主教练员会面。

(1)首先主队主教练员向司球裁判员提交一式二份“上场队员名单”。

(2)其次由客队主教练员提交一式二份“上场队员名单”。

(3)当司球裁判员接到“上场队员名单”后，应校对正副本是否一致，经核对无误后将副本分别交给双方主教练员，正本由司球裁判员保留。从此双方“上场队员名单”及击球次序即告确定，不能再行变更替换(除非根据规则规定办理)。

(4)先守队(主队)队员进入各自的防守位置，先攻队(客队)第一个击球员进入击球区，然后司球裁判员宣布“比赛开始”！比赛即告开始。

(5)每当比赛开始或重新开始时，除接手外，所有守场员都应站在界内地区进行防守。

接手应在本垒板后面的接手区就位。在投手企图故意给击球员投坏球使其“四坏球”上垒时，接手应把两脚放在接手区线内，直至投手投球出手后方可离开该区域。但在其他场合，接手可以随时离开接手区接球或接杀。

投手向击球员投球时应站在合法的投球位置上，采用合法的投球姿势。

除投手和接手按上述规定外，任何守场员都可站在界内地区的任何地区进行防守。

在比赛进行时，除击球员和试图进入本垒得分的跑垒员外，任何攻队队员都不能通过接手区。

(6)在整个比赛过程中不得变更击球次序，队员应按照“上场队员名单”上所列击球次序上场击球。替补队员应按被替补队员原来的击球次序上场击球。

(7)跑垒指导员应就位于一、三垒附近的指导区内。

攻队进攻时,应在一垒和三垒两侧指定位置各安排一名跑垒指导员。

跑垒指导员限2人,应穿着本队比赛服,只限在跑垒指导区内进行活动。

6. 得分

在第三人出局前跑垒员合法击球后依次踏触一、二、三和本垒时可获得一分。但第三人出局,如下列任一情况时得分无效。

(1)击跑员踏触一垒前出局时。

(2)跑垒员被封杀出局时。

(3)前位跑垒员因漏踏垒位被申诉出局时。

7. 正式比赛

一场正式比赛为九局。但赛程规定一天连赛两场比赛的队,每场比赛可打七局。所以,为九局比赛所制定的规则同样适用于七局。

8. 缩短比赛

打满九局双方得分相等时可延长比赛。如遇下列任一情况时也可缩短比赛局数。

(1)后攻队因得分领先,无需再打第九局的下半局或打完该半局时。

(2)裁判员宣布中止比赛时。

9. 延长比赛

九局比赛完成后,如两队得分仍相等,应继续比赛,直至先攻队在延长局同等的完整局数中得分较后攻队多时为止,或者在延长局以后的任一局中，后攻队在第三人出局前获得决胜分时，即判该队获胜，比赛即可终止。

10. 有效比赛

凡司球裁判员宣布终止的比赛，如符合下列任一情况时都是有效比赛。

(1)赛完五局时。

(2)后攻队第五局上半局或第五局结束前的得分超过先攻队时。

(3)后攻队在第五局下半局获得一分或一分以上而把比分扳平时。

11. 改期续赛

宣布中止比赛时，已达到“有效比赛”局数，如两队同等局数的得分相等，司球裁判员应宣布该场比赛为“改期续赛”。

在未能成为有效比赛前宣布停止的比赛为“无效比赛”。

凡因雨停止的正式比赛，只要打完符合“有效比赛”所规定的局数或多于该局数的“改期续赛”不给予观众因雨延赛的票券。

12. 比赛结束

比赛队在一场正式比赛的得分就是比赛结束时本队各局得分的总和。一场比赛如遇下列任一情况时，即可宣布“比赛结束”。

(1)打完第九局上半局，后攻队得分领先时。

(2)打完第九局先攻队得分领先时。

(3)后攻队在第九局或延长局下半局比赛中取得决胜的一分时，但击球员击出本垒打时，按规则规定，击球员及其前位跑垒员均可得分。所以，比赛在击跑员最后踏触本垒板后方可宣告结束。

(4)依据比赛成为“改期续赛”的情况除外，司球裁判员一经宣布终止比赛，比赛即告结束，其胜负按两队得分来决定。

13. 弃权

某队如有下列任一行为时，司球裁判员应判该队弃权，并判对方队以 9∶0 获胜。

(1)在司球裁判员宣布“比赛开始”后经过 5 分钟后仍未出场或出场而拒绝进行比赛时。但裁判员认为该队未能按时到场是不可避免时除外。

(2)采取策略显然企图拖延或缩短比赛时间时。

(3)司球裁判员未宣布“改期续赛”或“终止比赛”，而拒绝继续比赛时。

(4)因故暂停比赛后司球裁判员宣布“继续比赛”，但在 1 分钟内仍未重新参加比赛时。

(5)虽经裁判员警告，仍顽固地坚持犯规行为时。

(6)裁判员命令队员退出比赛，但在适当的时间内拒绝服从离场。

(7)一日连赛两场的第一场的比赛结束后 20 分钟内未能在第二场比赛开始前出场比赛时(但第一场比赛的司球裁判员因故延长时间者除外)。

司球裁判员宣布暂停比赛后，主队场地管理人员于暂停比赛后拒绝司球裁判员关于排水、平整场地以恢复比赛的命令，致使比赛不能继续进行时，则宣布主队弃权，由客队获胜。

某队未能或拒绝安排九名队员上场时判该队弃权。由对方队获胜。司球裁判员判某队弃权后，应于 24 小时内写一份书面报告交协会主席(联盟主席)或主办单位。但此报告是否上交并不影响司球裁判员所作的弃权判定。

14. 继续比赛和死球局面

(1)攻守任务

比赛时间一到，司球裁判员应立即宣布“比赛开始”。司球裁判员宣布“比赛开始”后，比赛就处于继续进行的状态。除非由于合法的原因形成“死球局面”或裁判员宣布“暂停”而中止比赛。比赛一旦形成“死球局面”，守场员不得传杀或接杀，跑垒员不得进垒，也不得下分，除非跑垒员在比赛状态时根据规则获得安全进一个垒或一个垒以上的权利。

①投手应向击球员投球，但击球员是否将球击出可自行选择。

②攻队的目的在于使击球员成为跑垒员并力求进垒得分。

③守队的目的在于防止击球员成为跑垒员并力求防止继续进垒得分。

④击球员成为跑垒员并合法踏触所有的垒位后，则可为本队获得一分。

⑤当进攻的三名队员被合法判为出局后，攻守交换，即改攻为守，防守队改守为攻。

⑥如果传球偶然碰触跑垒指导员或投球或传球碰触裁判员时，比赛应继续进行，不成死球局面。但如果跑垒指导员故意妨碍传球时，则判跑垒员出局。

(2)安全进垒或返回

如遇下列任一情况，成“死球局面”，跑垒员可安全进一个垒或安全返回原占垒位而无出局危险。

①投球碰触正在合法击球的击球员或其衣服时，这时，垒上跑垒员如系被迫进垒也可安全进一个垒。

②司球裁判员妨碍接手传杀时，跑垒员不能进垒。

③投手犯规时，各跑垒员应安全进一个垒。

④不合法击球时，各跑垒员应返回原垒。

⑤界外球未被接住时，跑垒员应返回原垒，裁判员须待所有跑垒员返回原垒后方可宣布继续比赛。

⑥击出的界内球在触及投手在内的内场手前碰触在界内的跑垒员或裁判员或击出的界内球在穿越(不包括投手)内场前碰触裁判员或跑垒员时。

⑦投球夹在接手或司球裁判员的护面或其他随身用具时，为死球局面，跑垒员安全进一垒。

⑧投手的任何合法投球击中正在试图下分的跑垒员时，各跑垒员都安全进垒。

(3)比赛暂停

裁判员一经宣布“暂停”，即成死球局面。如遇下列任一情况时，司球裁判员应宣布“暂停”。

(1)由于气候光线或类似情况使比赛不能继续进行时。

(2)因照明设备故障使裁判员视觉无法执行比赛时。

(3)由于偶然发生事故使运动员或裁判员无法执行其任务时，如此类事故发生在击出本垒打的击球员或判给安全进一个垒或一个垒以上的跑垒员，因而使其不能按所给予的安全进垒数进垒时，可由替补队员代其完成安全进垒。

(4)教练员需替换队员或需与其他队员进行协商而请求“暂停”时。

(5)裁判员为了检查比赛用球而需要与任何一方教练员商讨事宜或遇到类似原因时。

(6)守场员接高飞球后倒入队员席或观众席或拦绳外的观众中时。如果守场员接球后踏进队员席但未跌倒时，比赛继续，跑垒员可冒险进垒。

(7)裁判员命令队员或其他人员离开比赛场地时。

二、垒球运动竞赛方法与规则

(一)垒球运动竞赛方法

垒球比赛时，双方应各有队员 9 名出场参加比赛。9 名队员按防守时的位置其号位为：①投手、②接手、③一垒手、④二垒手、⑤三垒手、⑥游击手、⑦左外场手、⑧中外场手和⑨右外场手(图 3)。

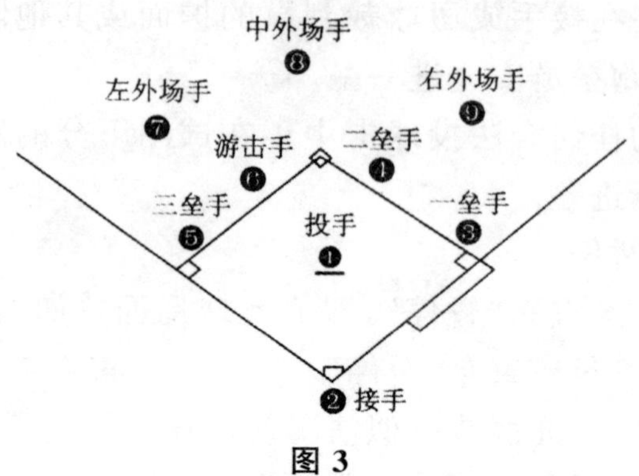

图 3

比赛开始前，双方抽签决定攻守权。先守的队，9 名队员要按登记的防守位置站在自己的防位上，准备防守。攻队的 9 名队员按登记排定的先后击球次序，从第一棒击球员开始，依次轮流进入击球区内击球。

比赛由投手向对方击球员投球开始。投手要按规则规定的方法投球。投出的球，在落地前，进入本垒板上空，低于击球员的腋部、高于击球员的膝部上沿者为“好球”，否则为“坏球”。“坏球”击球员不击，判为一球，累计 4“球”，判击球员安全进占第一垒，由第二名击球员继续击球。如果是“好球”，击球员就应该击球，如“好球”未击，或击而不中或击成界外球；或击了“坏球”，也未击中，都应判为一“击”，累计三“击”时，判击球员“出局”，然后由下一位击球员继续击球。

当击球员将球击在界内时（指直角扇形场区内），击球员就成为“击跑员”，必须向第一垒跑进，如果能安全进占一垒，即成为“跑垒员”，跑垒员可以伺机继续向二垒、三垒、乃至本垒跑进，若能安全跑回本垒，就为本队赢得一分；如在跑垒途中，在接触垒位之前被守方队员持球触及其身体者，即被判为“出局”。当进攻队累计有 3 人出局（包括击球员出局）时，双方即交换攻守。两队各攻守 1 次，为“一局”。正式比赛进行 7 局，积分较多者为胜。

(二)垒球运动竞赛规则

1. 投手的相关规则

(1)合法投球

合法投球有正面投球和侧身投球两种姿势。投手可随时选择其中的一种姿势投球。

投手应踏在投手板上接受接手所发暗号,不得跨于投手板或站在投手板后接受接手的暗号。

注:投手接受暗号后可以退板,但退板后不得迅速踏板投球,否则裁判员可判“急投”,以不合法投球论处。投手退板时,必须将两手放下置于身体两侧。投手不得每接受一次暗号都退板。

①正面投球姿势。投手应面对击球员站立,轴心脚应踏在投手板上,另一脚可自由站立其位置不受限制。采用正面投球姿势后,投球动作一经开始,就不得中途停止,也不得改变投球姿势,而必须把球投向击球员。投手投球前,任何一脚都不能离开地面。但向击球员投球时,自由脚可以先向后退一步再向前踏一步。

投手的轴心脚应踏在投手板上,自由脚可自由站立,双手持球置于身前,就视为已采用了正面投球姿势。

注:采用正面投球姿势时,投手自由脚的位置不受限制,可以踏在投手板上、投手板前、投手板后或投手板两侧延长线外。

投手踏板采用正面投球动作前,可以向击球员投球或自由脚向有跑垒员的垒上伸踏传牵制球。也可以退板,但投手退板时,不能先退自由脚,而必须先退轴心脚,必须向板后退,违者判“投球犯规”。

投手采用正面投球姿势踏板后就不能在投手板上改用侧身投球姿势或做投球的伸臂动作,违者判“投手犯规”。

投手采用正面投球的姿势踏板后,双手持球一旦合手于身前，就视为投球动作已经开始。投手除向击球员投球外，不得向垒上传牵制球，也不得退板．违者判“投手犯规”。

②侧身投球姿势。投手侧身面对击球员站立，轴心脚踏触投手板或投手板的前沿，自由脚放在投手板前，双手持球置于身前并保持完全的静止状态。然后投手向击球员投球，也可以向垒上传球，也可以把轴心脚退到投手板后面。投手在做侧身投球姿势前可做任何准备动作，如伸臂动作（即手臂伸展至头上或身前的动作），如果投手做伸臂动作就要在投球前采用侧身投球姿势。投手做好侧身投球姿势并起动投球后就不得中途停止，也不得变换投球姿势。

③投手在做投球准备动作但尚未启动投球时，只要在传球前向传球的垒上直接伸踏，就可以向任一垒上传牵制球。

注：投手传牵制球前，必须“先向传球的垒伸踏后方可传球”，否则判“投手犯规”。

投手踏板向一垒传牵制球时，轴心脚底的旋转与传球动作必须连贯一致。如果动作不连贯、不自然，应判“投手犯规”。

④垒上没有跑垒员时，投手的不合法投球应判给击球员“一球”，除非击球员由于安打、守场员失误、四坏球、投球中身或其他原因而到达一垒。

注：垒上没有跑垒员，投手投球时，如果球从手中失落，并滚出边线，应判给击球员“一球”，未滚出边线则作为“投球无效”处理。但垒上有跑垒员时，只要球从手中失落就应判“投手犯规”。

⑤投手只要把轴心脚退到投手板后面就成为内场手。这时，如果传出的球造成暴传时，与其他内场手的暴传作同样处理。

注：投手退板后（即视为内场手）可向任一垒上传球。但造成暴传时，与其他内场手传球造成暴传同样处理。

（2）投手的违禁行为

①投手不得在投手区内用投球的手接触口或嘴唇。投手违反此条规定，司球裁判员立即判给击球员“一球”。一犯再犯，则

令其退出比赛。

②将唾液附着在球、投球手或手套上;用手套、身体、衣服摩擦球;将异物附着在球上;用任何方式污损球体表面。采用以上方法投所谓的“抹滑的球”“吐有唾液的球”“涂上泥土的球”或“磨粗的球”。投手违反本规定,将立即被驱逐出场并处罚禁赛10场(中国棒球协会规定:先警告,再犯,处罚)。

③携带任何对投球有影响的物品。如果投手携带有此类物品,裁判员应立即将其驱逐出场,并处罚禁赛10场。

④故意不投球给已就位的击球员而传球给守场员以拖延比赛时间(但传杀跑垒员除外)。

⑤如果投手恶意地将球砸向击球员,裁判应立刻给予警告,如果出现再犯,则应立刻勒令其及主教练出场。

(3)投手的犯规

垒上有跑垒员时,投手如有下列任一行为应判“投手犯规”。

①踏触投手板并已开始投球动作,但未将球投出时。

注:不论右投还是左投,投球时,如果自由脚向后提腿动作脚超过投手板的后沿.则除了可以向二垒传牵制球外,只能向击球员投球。

②踏板后向一垒做传球动作而未将球传出时。

注:投手可向有跑垒员的二、三垒做传球动作而不传球出手。投手轴心脚退板后。可以向有跑垒员的垒上做假传动作,但不能向击球员假做投球动作。

③踏板后向垒上传球前而未先向传球方向伸踏时。

注:投手踏板后,必须先向传球的垒上伸踏才能向该垒传牵制球,投手如果向该垒伸踏而中途改变方向或只是提起自由脚回摆后或者不先伸踏而只转动身体就向垒上传牵制球时,应判“投手犯规”。

投手踏板后,向垒上传牵制球前虽然必须先向该垒伸踏,但不等于向垒上伸踏就非向该垒传球不可(一垒除外)。一、三垒有跑垒员时,投手向三垒伸踏假做传球动作,以迫使三垒跑垒员回垒(轴心脚踏触投手板),这时见一垒跑垒员启动跑向二垒就转身向一垒伸踏然后传球一垒这是合法的。但是,投手向三垒伸踏后立即转向一垒传球,这显然是针对一垒跑垒员的“取巧”行为。这种动作在传一垒前实际上不可能先向一垒伸踏,因而应判“投手犯规”。当然,如果投手退板后做上述动作就不能判“投手犯规”。

投手伸踏向三垒摆臂做假传牵制球动作时,轴心脚自然脱离投手板(不管离开的位置),允许接着转向一垒伸踏传牵制球。

④踏板后向没有跑垒员的垒上传球或假做传球动作时(但为传杀正在跑向该垒的跑垒员时除外)。

⑤不合法投球时。

注:“急投”是不合法投球。投手乘击球员在击球区尚未完成准备时向其投球,裁判员就以“急投”判处。垒上有跑垒员时应判为“投手犯规”,垒上没有跑垒员时只判给击球员“一球”。“急投”是危险动作,是绝对不允许的。

⑥投球没有面向击球员时。

⑦轴心脚未踏触投手板而做投球动作时。

⑧投手做不必要的拖延比赛时间时。

⑨没有拿球而站立或跨立在投手板上,或者在退板时假做投球动作时。

⑩已做好投球准备动作后既不投球,也不向垒上传球而任何一手离球时。

⑪踏板后有意或无意将球脱手落地时。

⑫接手双脚站在接手区外而投手故意投“四坏球”时。

注:为了故意投出“四坏球”,接手往往在投手投球出手前一脚或双脚踏出接手区接球应判“投手犯规”。

⑬采用侧身投球姿势投球而未保持完全的静止状态时。

罚则:投手犯规时成死球局面,判垒上跑垒员都安全进一个垒,但击球员由于安打、守场员失误、四坏球、投球中身或其他原因而到达一垒,而其他跑垒员也至少安全进了一个垒时,所形成的局面有效，而不按“投手犯规”处理。

注：投手向击球员投球或向垒上传球时犯规，而投球或传球又造成暴投或暴传时（但球未越出比赛有效区）继续比赛，跑垒员安全进一个垒后可以继续进垒，但有被杀出局的危险。本注解所述的暴传不仅限于投手的暴传，接应该传球的守场员的失误也应包含在内。跑垒员因投手的暴传或守场员的失误形成可能多进垒的状况时，跑垒员一旦到达因投手犯规而获得的进垒权后可以继续进垒，但有被杀出局的危险。

跑垒员因“投手犯规”而安全进一个垒时，如果漏踏这一垒位，守场员可以提出申诉。对此，应视为已按“投手犯规”处理。经申诉后应判该跑垒员出局。

因投手犯规时成四坏球或投球中身，如一垒或一、二垒或满垒有跑垒员时，不按“投手犯规”判处，因形成的局面是跑垒员全都进了一个垒。但只有二垒、三垒或二、三垒或一、三垒有跑垒员时，则按“投手犯规”处理。至于“其他因素”者，并不包括接手或其他守场员妨碍击球。

判罚投手犯规的目的在于防止投手针对跑垒员的欺骗和“取巧”行为，若裁判员心中有疑问时，则以投手针对跑垒员的“取巧”行为为判罚依据。如投手未持球而跨立于投手板，视为意图欺骗，应判投手犯规。如果一垒有跑垒员，投手为阻止盗垒为目的毫不犹豫转身向一垒而传向二垒，此举不视为向没有跑垒员的垒上传球。

(4)垒球投手投球合法与不合法

①投球前。

在投球之前，投手应遵循以下要求。

第一，未持球不得站在投手板上或其附近做投球动作。

第二，当接手不在接手区内准备接球时，投手不得投球。

第三，双脚必须站在投手板上，且不得超出 61 厘米宽的投手板，同时臀部与一、三垒平行。

第四，投手必须站于投手板上，双手分开，一手握球，接受暗号或看着接手。

第五，接受暗号后，必须双手合掌握球于体前，且完全静止2～5秒钟，然后开始投球。

注：双手持球在体侧视为在体前。

②投球开始。

投手双手合掌后，一手离球，即为投球开始。

③合法投球。

投手不得做任何投球动作，除非是立即投球给击球员。

投手不得双手合掌握球后，一手离球做前后摇摆动作，然后双手再次在体前握球。

投手在双手分开之前，可以向后撤板退出投球位置。若向前或向两侧撤离，则为“不合法投球”。

不得在做摇摆动作时，中途停止或改变前摆动作方向。

投手采用绕环式投球方法，投球臂不得绕两圈。但在投球动作开始前，可手臂下落于体侧或身后，再开始绕臂。这允许手臂绕过臀部两次。

投手采用低手投球方式，手必须低于臀部，手腕和体侧不得大于肘部和体侧的距离。

球出手及随投动作时，手和手腕必须向前，并且超过身体的垂线。

在向前伸踏投球之前，双脚必须保持与投手板接触。

在投球动作中，投手只能在出手动作同时向击球员方向伸踏一步，且不得超出投手板61厘米的宽度。

注：轴心脚在投手板上滑动，只要与板保持接触则不作为移动一步。从投手板上抬起轴心脚又放回，使身体摇动，是不合法行为。

投手伸踏脚向前伸踏着地前，轴心脚可保持与投手板接触，也可以蹬后拖地离开投手板，只要其持续接触地面即可。

投手伸踏脚着地前轴心脚从投手板以外地面蹬离，则视为“鸦式跳投”，是“不合法投球”。

投球出手后，不得继续做绕臂动作。

投手不得为防止击球员击球而有意掉球、投地滚球或反弹球。

投手得球后或裁判员宣布“继续比赛”后 20 秒钟内，必须投出下一个球。

注：判给击球员“一球”。

④异物。

在比赛中，任何守场员均不得使用异物于球上。

注：若任何守场员再次使用异物于球上，则判投手离场。

将松香粉涂于球上或涂于手套上再将球放入，均为不合法行为。不用时，松香粉必须置于投手板的后方。

在裁判的监督允许下，可以使用松香粉擦于手掌。

投手的手指不得贴胶带，其投球手臂的手腕或前臂不得佩戴护腕、手镯或类似物品。

注：若投手受伤须戴护腕、护肘时，其双臂都必须着内衬覆盖其上。

罚则：不合法投球未被击出，垒上所有跑垒员进一个垒，击球员得“一球”。

不合法投球被击出，攻队可以选择已成局面或按不合法投球处理。但击球员已经上一垒，其他所有跑垒员都已经进了一个垒，则不予以选择。若“不合法投球”击中击球员，成死球，判击球员上一垒，所有跑垒员进一个垒，不予以选择。

2. 击球员的相关规则

(1)进攻队员上场击球的次序

进攻队员须按照赛前填报的“上场队员名单”所列的击球次序上场击球。

(2)进攻队员的击球准备

进攻队员一经轮到击球任务时，就应立即进入击球区做好击球准备。

(3)击球手进行准备动作的时机

投手已采用侧身投球姿势后或已开始正面投球动作后，击球员就不能离开击球区或放弃击球的准备动作。

罚则:击球员违反本项的规定时，如投手将球投出，司球裁判员根据投球宣判“好球”或“坏球”。

注:击球员不得随意出入击球区，如需离开，应向司球裁判员提出“暂停”要求，否则投手投球后有被判“好球”的危险。

击球员进入击球区后，投手投球如有延误，而裁判员确认这种延误没有正当理由时，可允许击球员退出击球区。

垒上有跑垒员时，如果投手已经开始摆臂投球或已做好正面投球姿势或侧身投球姿势，但由于击球员突然退出击球区或解除击球姿势而被诱发停止其投球动作时，裁判员不能判投手犯规，因为投手和击球员都违反规则。所以，裁判员只宣布“暂停”，并让投手和击球员重新开始比赛。

(4)击球手拒绝进入击球员区的办法

如果击球员拒绝进入击球员区，司球裁判员可以(不需命令投手投球)直接宣判“好球”，此时为死球局面，跑垒员不得进垒。在此处罚后如果击球员进入击球区准备击球时，依照正常状态宣判“好球”和“坏球”。如果不能在宣判第三个“好球”前进入击球区采取准备击球时，则应判其出局。

注:司球裁判员在本项对击球员宣判“好球”后再次宣判“好球”时，应在适宜的时间内允许击球员进入击球区准备击球。

(5)击球员的护具要求

击球员进入击球区域时必须戴头盔或选择佩戴其他护具。

(6)击球员的击球姿势

击球员合法的击球姿势是双脚站立在击球区内。

注:击球区的线属于击球区的一部分。

(7)击球员击球的场地范围

击球员不得一脚或双脚完全踏出击球区外地面把球击中。

(8)击球员换区规定

投手做投球的准备动作时,击球员由一侧击球区换至进入另一侧击球区。

(9)击球员不得妨碍接手

击球员不得踏出击球区或以其他动作妨碍接手在本垒进行传杀或接杀。但是如果试图进垒或下分的跑垒员被传杀出局时,不判击球员出局。

(10)球棒的要求

击球员使用经裁判员判断以任何方式改造、加工以达到能够增加击球距离或使球造成异常反弹力的变形球棒击球。这类球棒包括:在球棒内填充东西、把棒面削平、在球棒上打钉、把球棒挖空、把球棒弄凹、在球棒上涂石蜡等物质。击球员使用此类球棒所发生的进垒不予以承认,但比赛进行中造成的出局有效。裁判员对使用异形球棒的击球员除应判出局并勒令退出比赛外,协会主席(联盟主席)、(仲裁委员会或技术委员会)还应给予适当的处罚。

注:击球员持上述异形球棒进入击球区后,即视为使用或企图使用不合格球棒。

(11)对击球员击球次序错误的判罚

①不应轮击的击球员未完成击球任务时,一经提出纠正,应轮击的击球员可随时进入击球区击球。但不应轮击的击球员已有的"击"和"球"数应记入原应轮击的击球员的记录内。

②当不应轮击的击球员已成为跑垒员或被判出局,如守方在投手向下一击球员投球或任何攻守行为开始前向裁判员提出申诉时,判原应轮击的击球员出局,由其次一击球员继续击球,不应轮击的击球员造成垒上跑垒员的进垒和得分均无效(安打、守队失误、四坏球、投球中身等)。但是在不应轮击的击球员击球时,跑垒员由于盗垒成功、投手犯规、投手暴投、接手漏接而进的垒仍应视为合法,此时为继续比赛局面。

③当守方提出申诉时,不应轮击的击球员已完成击球任务,

投手已向下一击球员投球或下一攻守行为已开始，守方的申诉权即告消失，则不应轮击的击球员成为合法的击球员，其击球及产生的后果均有效。击球次序就从变成合法的不应轮击的击球员开始。

注：击球次序错误涉及守方的申诉行为，裁判员不应提示任何人注意。

如遇下列任一情况时，判击球员出局。

①击出的界内或界外高飞球(不是擦棒被接球)被合法接住时。

注：守场员可将手伸入(脚不得踏入)队员席中接杀高飞球，如能因此接住该球，应视为合法接住。守场员若在队员席或其他比赛无效区(例如观众席)附近接杀界外高飞球时，必须一脚或双脚位于比赛有效区内(含队员席上沿)的上空，并且任一脚不得踏入队员席中或任何比赛无效区内，此时为继续比赛局面。若守场员接杀高飞球后倒入队员席或比赛无效区中时，则为死球局面。

②三击不中被接手合法接住时。

注：所谓“合法接住”是指球在落地前进入接手的手套内。球停留在接手的衣服或随身用具上或先碰触司球裁判员反弹后接住都不算“合法接住”。

擦棒球先碰触接手手套并在落地前接手用双手在身体或护胸前接住时应判一击，如为第三击，应判击球员出局。如果球先碰触接手手套或手，然后把球捂在身体或护胸上也算接住。

③两人出局前一垒有跑垒员，被宣判为第三个好球时。

注：被宣判为第三个好球时，即使接手漏接或球夹在司球裁判员或接手的面罩中时也适用本条规定，判击球员出局。

④第三击触击成界外球时。

⑤宣布内场高飞球时。

⑥第三击挥击未中而被球触及身体时(包括触击)。

⑦被击出的界内球在守场员(包括投手)触及前碰触击跑员

身体时。

⑧挥击或触击成界内球后，再次用球棒在界内地区碰触该球时。这时成死球局面，垒上跑垒员不得进垒。如果击球员未离开击球区或击球员放下的球棒被滚动的球在界内地区碰触，而裁判员认为击球员并无故意改变球路的意图时，比赛继续，不判击球员出局。

⑨击出或触击出的球在界外地区滚动尚未定论为界外球时，击球员在跑向一垒时故意以某种行为改变球的方向时。这时成死球局面，跑垒员不得进垒。

⑩三击后或击出界内球后，在触踏一垒前被守场员触杀或触及一垒时。

注：球触及身体或垒时，首先应持球于手套或手中。如果球在手套或手中出现弹跳或用手腕捂球于胸部，这期间不视为接住。击跑员在触踏一垒前，守场员触垒时，虽然球在手中，但如合法接住是在击跑员触踏一垒后时，该击跑员不成为出局。

⑪当跑到一垒的后半段距离而守场员又向一垒传杀时，如跑出跑垒限制道的外侧（右侧）或跑入垒线内侧（左侧），而裁判员认为妨碍守场员在一垒接球动作时，此时为死球局面。但击跑员为了避免冲撞或影响守场员处理击出的球而跑离跑垒限制道时除外。

注：跑垒限制道的线属于跑垒限制道的一部分，击球员的两脚应跑在限制道内或线上。

⑫二人出局前，一垒或一、二垒或一、二、三垒或一、三垒有跑垒员，内场手故意失接界内高飞球或平直球时。这时，成死球局面，各跑垒员应退回原占垒位。

注：如内场手在击出的球落地前并未触及该球则不能判击球员出局，但适用“内场高飞球”的规定除外。

本项规定是指内场手将击出轻易被接杀的高飞球或平直球在落地前，一手或两手（包括手套）触球后再将球掉落时，应视为故意失接。

投手、接手、内场手在内场区域防守时视为内场手，但预先位于外场区域的内场手，则不视为内场手。

⑬裁判员认定前位跑垒员故意妨碍守场员传杀或接杀以图破坏其完成防守行为时。

注：本规定的目的在于处罚攻队跑垒员违背体育道德的行为。他们在跑垒时不是以进垒为目的，而是故意跑出垒线冲撞进行双杀的守场员。当然，这纯属裁判员的判断，由裁判员作出判定。

本项规定虽未阐述有关未出局之前跑垒员的罚则，但依规则规定。除判该跑垒员出局外同时判击球员出局。对于已判出局跑垒员对守场员继续传杀其他跑垒员的行为进行妨碍时，此时以本队队员的妨碍行为判其他跑垒员出局。

二人出局，三垒有跑垒员，击球员“二击”，投手的合法投球在好球区击中抢进本垒的三垒跑垒员。这时，裁判员应判击球员三击不中出局、死球、跑垒员得分无效。但在二人出局前，应判击球员三击不中出局、死球、三垒跑垒员得分有效。

注：二人出局前，不论其他跑垒员有无盗进垒，应判各跑垒员都安全进一个垒。

(12)击球员如有下列违规行为判出局

①击球员一脚或双脚完全踏出击球区外地面把球击中时。

注：击球员在击球区外击出界内或界外球都应判出局。司球裁判员要特别注意击球员企图打击“故意四坏球”时双脚的位置。击球员不能跳出或踏出击球区外击球。

②投手做投球的准备动作时，击球员由一侧击球区换至进入另一侧击球区时。

③击球员踏出击球区或以其他动作妨碍接手在本垒进行传杀或接杀时。但是如果试图进垒或下分的跑垒员被传杀出局时，不判击球员出局。

④击球员使用异性球棒。

(13)击球员成为跑垒员的条件

击球员如遇下列任一情况时成为跑垒员,无出局危险而安全进至一垒(但以该击球员进至一垒并踏触一垒为条件)。

①司球裁判员宣判“四坏球”时。

注:得四坏球被保送一垒的击球员,有进至一垒并踏触一垒的义务,此时对垒上其他被迫进垒的跑垒员才构成安全进至一个垒的权力。此规定适用于满垒的场合和替补跑垒员参加比赛的场合。

击球员(由于四坏球而成为跑垒员)进一垒并有踏触该垒的义务才确保有安全进入一垒不被判出局的权力。跑垒员在比赛中,如果认为守场员对其进行传杀而不踏触垒位或进行滑垒而滑过垒位时,如守场员持球触杀应判出局。如果跑垒员漏踏安全进占的垒位并试图继续跑进时,被守场员持球触杀或触及漏踏的垒位即判出局。

②击球员无意击球而被投球投中时,但下列情况应属例外:未落地的投球,在好球区触及击球员时;击球员未躲避投球而被触及时。

③接手或任一守场员妨碍其击球时。如果继妨碍行为后接连发生攻守行为,则攻队教练员可按妨碍行为判处或接受已形成的攻守局面二者之间进行选择。但是必须在该攻守行为结束时立即通知司球裁判员进行选择。如果击球员由于安打、守场员失误、四坏球、投球中身或其他原因进入一垒时,而其他所有跑垒员也都至少前进一垒时,就按所形成的局面继续比赛,而不按妨碍行为判处。

④击出的界内球在碰触守场员前,碰触在界内地区的裁判员或跑垒员时。

注:如果击出的界内球在穿过守场员(不包括投手)或碰触守场员后(包括投手)碰触裁判员时,比赛继续,不判击球员安全上一垒。

(14)如遇下列任一情况时,击球员成为跑垒员

①击出界内球时。

②司球裁判员宣判“三击”而接手失接时(如果一垒没有跑垒员或二人出局一垒有跑垒员)。

注:当击球员由于三击不中接手失接而变成击跑员,但误以为是出局而走出本垒区并不是向一垒方向跑进时,应判其出局。

③击出的界内球穿越守场员(不包括投手)或碰触守场员之后(包括投手)在界内地区碰触裁判员或跑垒员时。

④击出的高飞球越过距离本垒 76.20 米或 76.20 米以上的围墙或本垒打线或直接进入观众席时,这时只要击球员合法踏触所有垒位就判给本垒打。击出的界内高飞球越过距离本垒不足 76.20 米的比赛场地时只判给二垒打。

注:棒球场本垒打距离最短不得低于 76.20 米,常见于不规则场地和不标准场地。

⑤击出的界内球在落地后弹人观众席或越过围墙或本垒打线或夹在记分牌或灌木林时,判给击球员和所有跑垒员安全进两个垒。

注:所谓击出的球触及地面,是指该球不是飞行状态。

⑥击出的界内球落地以前或落地以后,在篱笆、记分牌、灌木林底下穿越或夹在篱笆、记分牌的开口处时,判击球员和所有跑垒员安全进两个垒。

⑦击出的界内地滚球碰触守场员后改变方向进入比赛无效区(观众席、围墙、围网)或弹越本垒打线时,判给击球员及所有的跑垒员安全进两个垒。

⑧击出的界内高飞球在落地前碰触守场员后改变方向进入比赛无效区(观众席、围墙、围网)时,判给击球员安全进两个垒。但是改变方向后越过本垒打线或进人界内地区的观众席或直接越过界内地区的围墙或篱笆时,判击球员本垒打。但是界内高飞球碰触守场员改变方向后进入或越过距离本垒不足 76.20 米的观众席、围墙、篱笆时,只判给击球员二垒安打。

注:本条各项所述给予击球员和跑垒员安全进两个垒,应从投手投球时跑垒员所在垒位算起。

(15)关于棒球指定击球员(简称 DH)的规定

是否采用指定击球员由主办单位或比赛双方决定。

DH 是指定一名击球员代替先发投手或后援投手击球,而不影响投手在比赛中的投球。代替投手击球的 DH 必须在比赛开始前指定,并列入送交给司球裁判员的上场队员名单上。

列在开赛“上场队员”名单上的 DH 至少要面对先发投手上场击球一次方可替换,除非对方队更换投手。

某队是否采用 DH,虽然不作硬性规定,但如在比赛开始前未将 DH 列在上场队员名单上,则不得使用 DH。

替补击球员可以替补 DH 击球。替补击球员一经替补 DH 击球即成为 DH。被替补出场的 DH 不得再出场比赛。

DH 可以参加防守并继续按原来的击球次序击球。但是,投手必须按被替补的防守队员的击球次序击球,除非替补队员超过一个人以上,这时由主教练员指定投手按其中一个被替补防守队员的击球次序击球。

可以替补 DH 跑垒,但一经替补,跑垒员即成为 DH。DH 不能替补跑垒员。DH 的击球次序是固定的。即使安排了几个替补队员,也不能改变 DH 的击球次序。

投手一旦改打其他位置,在以后各局比赛中不得再使用 DH。

替补击球员一旦代替“上场队员名单”中的任一队员击球进而上场担任投手时,在以后的各局比赛中不得再使用 DH(因此,只有不准备再使用 DH 时,比赛投手才替补 DH 击球)。

比赛投手一旦代替 DH 击球时,在以后各局的比赛中不得再使用 DH。

DH 一旦参加防守时,在以后各局的比赛中不得再使用 DH。

代替 DH 击球的队员姓名,可以在 DH 轮到击球时再宣布。

(16)关于垒球指定队员(简称 DP)的规定

①指定队员(DP)可替代任一防守队员进攻,在比赛之前必须告知,并将其列于 9 名击球次序的名单中。

②开场 DP 被替补之后,可再进场一次,应按原来的击球次序进场。

③被 DP 替代击球的防守队员(FLEXPLAYER 或称 FLEX),其姓名列于上场队员名单第十位。

④开场 DP 在比赛中,必须按固定的击球次序击球。

⑤DP 及其替补队员或暂替队员不得同时参与进攻。

⑥DP 可在任何时间被一名击球员、跑垒员或其代打的 FLEX 替补。

注:在进攻阵容 FLEX 替代 DP 不视为替补,但必须通知裁判。若开场 DP 在进攻时被 FLEX 或一名替补队员替补,则被视为退场。

若被 FLEX 替代,则比赛队员由 10 人减为 9 人;若 DP 未再进场,则比赛可合法以 9 人继续进行直到终场。

若 DP 再进场,可参与进攻和防守,继续以 9 人比赛;或回原先的棒次,而 FLEX 回到第十位,仍只参加防守。

罚则:①～⑥适用替补队员和不合法队员的规定和罚则。DP 未回原先的棒次击球,视为不合法再进场。判登记在名单上的领队或教练和该 DP 或其替补都离场。

⑦DP 可以防守任何位置。如 DP 代替 FLEX 以外的队员防守,则该队员将继续参与进攻,但不防守,且不视为退场。

⑧DP 可替 FLEX 防守,而 FLEX 被视为退场,比赛队员减为 9 人。

注:DP 替代 FLEX 防守不视为替补,但必须通知裁判。

⑨FLEX 可在任何时候被一名合法替补队员替补。开场 FLEX 可再进场一次,他或者回到第十位,或者到 DP 在击球次序中的位置。

FLEX 如回到第十位,仍只能防守,但任何位置皆可。

如回到 DP 的击球位置，则参与进攻及防守，比赛将继续以 9 人进行。

罚则：⑦～⑨适用替补队员和不合法队员的规定和罚则。FLEX 再上场未回到第十位或 DP 的棒次，判其为不合法队员。

(17)垒球的暂替队员

比赛中任何队员由于出血的情况，在适当的时间内不能止住，或其运动服上有血污，则必须下场处理。在出血完全被止住，清洗干净并覆盖好后，如必要的话，更换运动服以后，方可重新上场比赛。

注：如因更换运动服而号码有所改变，无判罚，但应将新号码告知裁判。

①出血队员应被暂替队员替代，暂替队员可代出血下场队员打完正在进行的一局(即到后攻队结束该局)及其后的一整局。

②暂替队员进场必须通知裁判。

①、②罚则

第一，使用不合格暂替队员被视为不合法再进场，并执行相应判罚。

第三，未通知裁判即使用暂替队员，被合法申诉时，执行“未经报告的替补队员”的规则条款。

③允许暂替队员在适用于下场队员的所有规则的条件下，替代下场队员击球和防守。

④被暂替队员可以在上述①规定的时限内任何时候回到场上比赛，而不视为一次替补。

⑤被暂替队员重新进场比赛时，必须通知裁判。

④、⑤罚则

第一，受伤队员在上述①款限定时间之后，无法返回场上比赛时，按替补规则条款，暂替队员即为替补队员。

第二，若“暂替队员”此前一直在场上比赛，则必须由另一名合法的替补队员来替补；

第三，若球队已无合法的替补队员，则判“弃权”。

第四，被暂替队员，未通知裁判即回到场上，被合法申诉时，执行“未经报告的替补队员”的规则条款。

⑥被暂替队员在(1)规定的时限后，可以再进场，但要受再进场规则制约。

⑦只要被暂替队员在许可的时间内回到场上比赛，则使用暂替队员不受替补规则的制约(未告知裁判时除外)。

3. 跑垒员的相关规则

(1)跑垒员的跑垒规定

跑垒员的跑垒顺序应按照一垒、二垒、三垒和本垒的顺序依次完成。如果被迫后退，也按照相反顺序依次退垒。在死球时，可直接返回原占垒位。

(2)跑垒员安全占垒规定

跑垒员(击球员除外)如遇下列任一情况时可安全进占一个垒：

①判罚投手犯规时。

②击球员安全进垒而迫使跑垒员离开其原占垒位或击球员击出的界内球在碰触(包括投手)或穿过守场员前(投手除外)碰触其他跑垒员或裁判员时，应判击球员安全进垒，因而跑垒员被迫进垒时。

③守场员接高飞球后倒入队员席或观众席或倒在进入比赛场地的观众中时。

④跑垒员进行盗垒时，击球员被接手或其他守场员妨碍，此时，判盗垒的跑垒员安全进一个垒。

(3)跑垒员、击跑员的安全进垒

①本垒打得一分。击出的界内高飞球飞出比赛场地或直接越过本垒打线而击球员合法踏触全部垒位或击出的界内飞行状态的球被守场员用抛出的手套、帽子或衣服上的任何物品拦截而改变球路，但裁判认为如无此拦截，该球可飞出比赛场地或直

接越过本垒打线时,判本垒打得一分。

注:裁判员判断击出的界内高飞球明显会以飞行状态越过本垒打线或围墙时,碰触观众或鸟类者,应判本垒打。

击出飞行状态的界内球或传球碰触鸟类时(球仍然是飞行状态)或触及停留在场地上的鸟类或动物时(球不是飞行状态)为继续比赛局面。如投手的投球触及鸟类时为死球局面,投球无效。击出的界内球或传球以及投球被跑进场内的狗叼住时,为死球局面,此时应依据裁判员的判断作出处理。

裁判员认为击出的界内高飞球可能越过本垒打线时,在飞行状态中,被守场员抛出的手套触及而改变行进路线使该球落在比赛场内时也适用于本项规定。

②三个垒。守场员故意用脱离身体原来的位置的帽子、护面、衣服或任何物品去碰触击出的界内球时,判安全进三个垒。此时,为继续比赛,跑垒员到达三垒后,可冒出局危险进占本垒。

③三个垒。守场员故意抛出手套碰触击出的界内球时判安全进三个垒。此时,为继续比赛,跑垒员到达三垒后,可冒出局危险继续跑进本垒。

注:所谓此界内球是指不论守场员是否已触及该球。

守场员故意抛出手套,碰触击出在界内辗转的球,使其改变行进路线而至滚出界外时也给予三个垒,此时为继续比赛。

④两个垒:守场员故意用脱离身体原来位置的帽子、护面、衣物或任何物品去碰触传球时,判安全进两个垒,继续比赛。

⑤两个垒:守场员故意抛出手套碰触传球时判安全进两个垒,继续比赛。

注:在运用本规则②、③、④、⑤规定时,裁判员必须确认抛出的手套或脱离身体的帽子、护面等物品碰触击出的界内球或传球时,才能适用本规定,没有碰触球不能适用本规定。

在运用本规则③、⑤规定时,如果守场员的手套被击出或传出的球冲击而脱手,或者由于全力进行合法接球,而不慎将手套脱落时,不能适用本规定。

在运用本规则④、⑤规定时，跑垒员以守场员传球出手时所在垒位算起安全进两个垒，而不是所传出的传球被碰触时所在垒位算起。

关于投手踏在板上的传球发生本条④、⑤两项的情形时，应给予跑垒员安全进两个垒。

⑥两个垒。击出的界内球如落地弹跳或转向一、三垒边线以外的观众席或穿越设在球场周围的篱笆、记分牌、灌木丛或夹在篱笆、记分牌、灌木丛时，判安全进两个垒。

注：击球员和跑垒员应从投手投球时，所占垒位算起安全进两个垒。

⑦两个垒。在比赛场地内没有观众涌入的情况下，守场员的传球进入比赛无效区即观众席或队员席（不论是否从队员席弹回球场）或穿越设在球场周围的围墙、篱笆或夹在围网的铁丝网眼上时，都判给跑垒员安全进两个垒。这时成死球局面，如果该暴传球是属于内场手的第一传造成的暴传，则从投手投球时跑垒员原占垒位算起，判安全进两个垒。如系其他情况则跑垒员的安全进两个垒从造成暴传时，（球传出手时）所在垒位算起。

如果投手投球后，内场手在第一传造成暴传时，包括击跑员在内的所有跑垒员都至少进占一个垒时，跑垒员的安全进垒从造成暴传时跑垒员所在垒位算起。

⑧一个垒。投手踏板向击球员投出的球或投手踏板牵制垒上跑垒员的传球进入比赛无效区（观众席、队员席、后挡网、围墙、围网）时，判安全进一个垒。此时为死球局面。

⑨一个垒。击球员得“四坏球”成为跑垒员或得“三击不中”但球夹在司球裁判员或接手的护面或随身用具上时，判安全进一个垒。

注：如果击球员由于投手暴投而成为击跑员时，判各跑垒员安全进一个垒、击球员只能安全进至一垒。

击球员得“四坏球”或“三击不中”的投球符合（8）注的情况时，击球员也可以安全进两个垒。

击球员击出的外场高飞球，跑垒员离垒，外场手将球接住后传球造成暴传。这时虽然是死球局面，但跑垒员须再踏触原占垒位，然后再进至判给安全进占的垒位。

⑩一个垒。守场员故意用脱离身体原来位置的帽子、护面、衣服或任何物品去碰触或拦截投出的球时，应从碰触投球时跑垒员所在垒位算起判安全进一个垒，此时为继续比赛局面。

(4)阻挡跑垒

当发生阻挡行为时，裁判员应宣判“阻挡”并做出“阻挡”的手势。

①如果被传杀的跑垒员在跑垒时或击跑员在到达一垒前时被阻挡，成为死球局面，所有跑垒员可安全进至裁判员认为无阻挡可能进入的垒位。被阻挡的跑垒员从发生阻挡前已合法进入的垒位算起至少再安全进一个垒。其他由于阻挡行为的判罚而被迫进垒的任一前位跑垒员都判安全进垒。

②如果被阻挡的跑垒员不是正在进行传杀的跑垒员，则比赛继续进行至攻守行为告一段落为止。裁判员认为有必要按阻挡判罚时立即宣判“暂停”，然后判跑垒员如无阻挡行为可能到达的垒位。

注：①根据②的规定，在发生阻挡行为而比赛继续时，如果被阻挡的跑垒员进至如无阻挡可能到达的垒位后继续向下一垒跑进时，有被触杀出局的危险，此时纯属裁判员的判断，由裁判作出判定。

击球员击出被认为是三垒安打时，漏踏一垒后经二垒再企图进入三垒时，因受到游击手的阻挡而不能进入三垒。在此情况下，裁判员不应考虑跑垒员的漏踏，应判其进入如无阻挡可能到达的三垒，若守场员对其漏踏一垒提出“申诉”时，应判击球员出局。

如手中无球，无权阻挡或封堵试图进占本垒得分的跑垒员行进的路线。垒间线属于跑垒员行进路线，接手只有在接杀或已持球在手时，才能进入垒间线。如果接手违反了上述规定，裁判员必须宣判“阻挡行为”。

(5)跑垒员的出局

如遇下列任一情况时，判跑垒员出局。

①跑垒员跑垒时，为躲避触杀而跑出垒间线左右方0.91米以外时。但为了避免妨碍守场员处理击出的球而跑出垒间道0.91米以外不判出局。

踏触一垒成为跑垒员后离开垒间道，显然放弃进占下一垒的努力时。

注：任何跑垒员到达一垒后，如果以为比赛已告一段落不再进行攻守行为而离开垒间道进入队员席或防守位置时，裁判员认为跑垒员的这一行为显然表明已自动放弃跑垒的努力，可判跑垒员出局。此时，对其他跑垒员仍然是继续比赛的局面。

②跑垒员故意妨碍守场员传球或处理击出的球时。

注：跑垒员无论有意无意，只要裁判员认为妨碍正在处理击出球的守场员时就判其出局。但是当跑垒员踏触合法进占的垒位而发生妨碍守场员的情况时，只要妨碍行为不是故意的，就不能判其出局。如果裁判员认为是有意的，不论发生在界内地区或界外地区，二人出局前判跑垒员和击球员都出局，二人出局时判击球员出局。

跑垒员在三垒和本垒间被夹杀，并因妨碍行为被判出局时，如果后位跑垒员已经进入并站在三垒上，裁判员应判站在三垒上的跑垒员退回到二垒。此规定同样适用于跑垒员在二、三垒之间被夹杀时后位跑垒员已进入二垒的情况。如跑垒员在三垒和本垒间被夹杀，并因妨碍行为被判出局，在发生妨碍行为前一垒跑垒员已进占二垒，应视为合法。

③比赛进行中跑垒员离开垒位被触杀时，但是击跑员在跑过一垒或滑过一垒后，只要他立即返回就不能将其触杀出局。

注：跑垒员将垒包撞离原来位置时，只要跑垒员已安全到垒就不能将其触杀出局。

比赛进行中如果垒包或本垒板脱离原位置，后继跑垒员只要踏触原垒位，裁判员就可以判作踏触或占据该垒。

击球员得“四坏球”保送踏触一垒后，必须在立即回垒的条件下跑离垒位。

守场员持球触杀跑垒员时，跑垒员为了避免出局，往往拼命冲垒，于是导致守场员与跑垒员相撞，其结果有时使守场员所持的球掉落或仍在手套中弹跳不定时，不能判跑垒员出局。是否控制住球由裁判员来判断。

④击出的界内或界外高飞球被合法接杀后，跑垒员在返回原占垒位“再踏垒”之前被守场员持球触及身体或垒位时。由于这是申诉局面，如果在投手投下一个球或下一攻守行为开始前不提出申诉，跑垒员即使未“再踏垒”也不能判其出局。

⑤由于击球员变成击跑员时，前位跑垒员有被迫进垒的义务，但在到达下一垒前被守场员持球触及身体或垒位时(此出局为封杀出局)。

但是跑垒员在被迫进垒中，如后位跑垒员被封杀先判出局，则前位跑垒员的被迫进垒即告消失，因而只有持球触及其身体才能使其出局。跑垒员到达被迫进垒的垒位，被迫进垒即告消失。如果跑垒员跑垒或滑离垒位，守场员就得持球触及其身体才能使其出局。但是，被迫进垒的跑垒员到达下一垒位后，不论任何理由，又退回到原占垒位时，被迫进垒的局面又告恢复，如果被守场员持球触及其身体或被迫进垒的垒位时，可重新判其出局。

⑥击出的界内球在碰触(包括投手)或穿过内场手(投手除外)前在界内地区碰触跑垒员时。这时成死球局面，跑垒员不得下分，也不得进垒，除非被迫进垒。

第一，未穿过内场手之前，应判跑垒员出局，成死球局面。

第二，穿过内场手后，触及垒包反弹于内场手身后(后方)界内区触及跑垒员时，如其他守场员对该击出的球没有再防守的机会，不能以触及击出的球为理由判跑垒员出局。

⑦在二人出局前，跑垒员试图进入本垒得分而击球员妨碍

守场员在本垒的防守行为时。但二人出局后判击球员妨碍行为出局，得分无效。

注：所谓在本垒的妨碍行为是指击球员妨碍守场员持球触杀抢进本垒的三垒跑垒员的行为或传杀其他垒上跑垒员的行为。

二人出局前，击球员妨碍了接手或守场员，而三垒跑垒员刚出发奔向本垒或中途又折返三垒时，判击球员出局。接手虽然受到击球员的妨碍但三垒跑垒员没有抢进本垒，所以不适用本项规定。

⑧在前位跑垒员被判出局前，后位跑垒员超越前位跑垒员时，应判后位跑垒员出局。

⑨跑垒员合法占据某一垒位后，颠倒跑垒顺序以扰乱或愚弄防守队员时。这时裁判员立即宣布“暂停”并判跑垒员出局。

注：跑垒员在守场员接杀击出的高飞球前已进入并踏触前一垒位，但由于被接杀而返回原占垒位时，在到达原占垒位前随时都有被传杀出局的危险。但是如能在传球到位前到达原占有垒位并踏触该垒位时，不能判其出局。

击出一垒方向的地滚球，击跑员为避免被一垒手持球触杀，在不离开0.91米限制的范围内，向本垒方向逆跑是允许的，但一经越过本垒时，应即判出局。

⑩跑垒员跑过或滑过一垒后，未能立即返回该垒时或企图有跑向二垒的行为而被触杀时应判出局。如果跑垒员跑过或滑过一垒后，走向队员席或其防守位置而未立即返回该垒时，经防守队员持球触及身体或垒位提出申诉，应判跑垒员出局。

注：二人出局后，击跑员进一垒时，即使跑垒过头而越过垒位，但只要已经触垒。就视为“已到达一垒”。即使由于未能立即返回一垒而被判第三人出局，但如有跑垒员先行返回本垒，应判得分有效。

⑪跑垒员跑进或滑进本垒时没有踏触本垒板，又无意返回补踏，而被守场员持球踏垒提出申诉时，应判跑垒员出局。

注:本项规定只适用于漏踏本垒的跑垒员走向队员席又无意返回补踏,致使接手或守场员必须追去触杀才能使其出局的情况,但跑垒员漏踏本垒后马上返回补踏时,接手必须持球将其触杀才有效。

在垒球比赛中,跑垒员离垒必须是在投手投球出手后才能离垒,反之判跑垒员出局,死球局面。

参考文献

[1]张瑞林．棒垒球运动[M]．北京:高等教育出版社,2013.

[2]张涛．棒垒球实战技法[M]．北京:光明日报出版社,2014.

[3] Zhang Tao. Baseball best hitting point model research based on angular momentum conservation and elastic beam model, BioTechnology: An Indian Journal [J],2014(9).

[4] http://mlb. tw/mlb/portal/index. action.

[5]吴东明,王建．体能训练[M]．北京:高等教育出版社,2010 .

[6]张英波．现代体能训练方法[M]．北京:北京体育大学出版社,2006.

[7]南仲喜．身体素质训练指导全书[M]．北京:北京体育大学出版社,2003.

[8]沈剑威等．体适能基础理论[M]．北京:人民体育出版社,2008.

[9]于少勇,赵志明．基础体能训练[M]．北京:中国原子能出版社,2008.

[10]王向宏．体能训练理论与方法[M]．北京:北京航空航天大学出版社,2010.

[11]邓树勋等．运动生理学(第 2 版)[M]．北京:高等教育出版社,2009.

[12]毛志雄．运动心理学[M]．北京:中国人民大学出版

社,2015.

[13]李萍美．现代体能训练理论与方法[M]. 北京:中国原子能出版社,2009.

[14]张蕴琨等．运动生物化学[M]. 北京:高等教育出版社,2006.

[15]刘晓树．激烈的对抗运动——曲棍球、垒球[M]. 北京:二十一世纪出版社,2015.

[16]郑凤佳,岳言．棒球[M]. 长春:吉林出版集团有限责任公司,2008.

[17]王建国．手球、棒球、垒球指南[M]. 合肥:安徽师范大学出版社,2012.

[18]李宗浩．奥林匹克棒垒球[M]. 北京:人民体育出版社,2006.

[19]张良力,袁运平．对体能训练的发展趋势与我国竞技体育体能训练中存在问题的探讨[J]. 广州体育学院学报,2009(04).

[20]邓运龙,张海忠．论现代体能训练新理念新方法[J]. 军事体育进修学院学报,2009(04).

[21]卢春根,毛文华．高校高水平田径队多元智能训练模式实践研究[J]. 第十五届全国高校田径科研论文报告会,2005.

[22]雷慧,邓罗平．自控式训练模式在高校田径全能运动训练中的研究[J]. 四川体育科学,2007(03).

[23]杨至刚．我国优秀棒球运动员专项身体素质训练理论与实践研究[D]. 上海体育学院,2012.

[24]陈小平．竞技运动训练实践发展的理论思考[M]. 北京:北京体育大学出版社,2008.

[25]王宝成,杨汉雄．竞技体育力量训练指导[M]. 北京:人民体育出版社,2001.

[26]杨静宜,徐峻华．运动处方[M]. 北京:高等教育出版

社,2005.

[27][美]Bill Foran 著;袁守龙,刘爱杰译. 高水平竞技体能训练[M]. 北京:北京体育大学出版社,2006.

[28]杨世勇等. 体能训练学[M]. 成都:四川科学技术出版社,2001.

[29]万德光等. 现代力量训练[M]. 北京:人民体育出版社,2003.